EGMONT

We bring stories to life

Título original: *Guide to The Nether & The End*

Primera edición: noviembre de 2017

Publicado originalmente en 2017 en el Reino Unido por Egmont UK Limited, The Yellow Building, 1 Nicholas Road, London W11 4AN.

De esta edición para Estados Unidos:
© 2017, Penguin Random House Grupo Editorial USA, LLC.
8950 SW 74th Court. Suite 2010. Miami, FL 33156

Escrito por Stephanie Milton.
Material adicional por Owen Jones y Marsh Davies
Diseño: Andrea Philpots, Joe Bolder y John Stuckey
Ilustraciones: Ryan Marsh y James Bale
Diseño de cubierta: John Stuckey
Producción: Louis Harvey
Un agradecimiento especial para Lydia Winters, Owen Jones, Junkboy, Martin Johansson, Marsh Davies y Jesper Öqvist

⬛MOJANG

ISBN: 978-1-945540-93-6

Impreso en Malasia

SEGURIDAD EN LÍNEA PARA LOS FANS MÁS JÓVENES

¡Pasar tiempo en línea es muy divertido! A continuación algunas reglas para la seguridad de los jóvenes mientras navegan en la red:

– Nunca proporciones tu nombre real, no lo uses como nombre de usuario.
– Nunca des a nadie tu información personal.
– Nunca digas a nadie a qué escuela asistes, ni cuántos años tienes.
– Nunca des a nadie tu contraseña, excepto a tus padres o tutor legal.
– Toma en cuenta que en muchos sitios web debes tener 13 años o más para poder crear una cuenta. Antes de registrarte, siempre revisa la política del sitio y pide permiso a tus padres o tutor legal.
– Si algo te preocupa, habla con tus padres o tutor legal.

Cuando estés en línea mantente seguro. Todas las páginas web que aparecen en el libro fueron corroboradas al momento de esta impresión. No obstante, Egmont no se responsabiliza por el contenido publicado por terceros. Ten en cuenta que el contenido en línea puede estar sujeto a cambios, y que en dichas páginas puede haber contenido inapropiado para niños. Se aconseja supervisar a los niños mientras navegan en Internet.

GUÍA DE:

⬚ EL NETHER Y EL FIN

ÍNDICE

1. EL NETHER

2. EL FIN

INTRODUCCIÓN

¡Bienvenidos, audaces aventureros, hábiles constructores y experimentados viajeros! ¿Están listos para enfrentar desafíos y obtener recompensas mayores que los de las verdes planicies y escarpadas montañas del mundo tradicional de Minecraft? ¡Pues pronto lo estarán! En estas páginas hurgaremos en los secretos del Nether —un sitio de turbios lagos de lava y negras cavernas— y de la extraña dimensión del Fin, donde islas blanquecinas flotan en un vacío oscuro. ¡Ghasts! ¡Shulkers! Éstos son los enemigos que enfrentarás mientras conquistas las extensiones más remotas del mundo. Así que no olvides empacar este libro antes de atravesar un portal, ¡y buena suerte!

MARSH DAVIES
EQUIPO MOJANG

CLAVE

A lo largo del libro verás símbolos que representan distintos objetos, valores o características. Cuando los encuentres, consulta estas páginas para saber qué significan.

GENERAL

SECRETOS MOJANG

Información exclusiva, revelada directamente por los desarrolladores de Mojang.

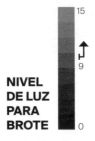

15

9

0

NIVEL DE LUZ PARA BROTE

Indica el nivel de luz en el que aparece la criatura. En el ejemplo, aparece en el nivel de luz 9 o superior.

AGRESIVIDAD

Indica el nivel de hostilidad de una criatura: el amarillo significa que es pasiva; naranja, neutral; rojo, hostil.

Rechaza proyectiles con tu escudo	Bebe una poción de fuerza	Dispara con arco y flechas encantados
Rechaza proyectiles con tu espada	Sube a un espacio de dos bloques de alto y golpea las piernas de la criatura	Párate sobre una columna de dos bloques de alto y golpéalas con una espada
Desactiva con cinco antorchas el generador de criaturas	Golpea con una espada de diamante encantada	Párate sobre una columna de tres bloques y golpéalas con una espada
Bebe una poción de resistencia al fuego	Arroja bolas de nieve	Lánzale una poción arrojadiza de curación
Bebe una poción de curación	Jala con caña de pescar	Usa una cama y apártate rápidamente para resguardarte de la explosión

Polvo de blaze	Cristal	Calabaza
Vara de blaze	Polvo de piedra luminosa	Redstone
Huesos	Lingote de oro	Antorcha de redstone
Cuenco	Pepita de oro	Pescado podrido
Carbón	Espada de oro	Arena
Roca	Pólvora	Coraza de Shulker
Semillas de cacao	Lingote de hierro	Bola de Slime
Diamante	Crema de magma	Palo
Huevo de dragón	Leche	Piedra
Huevo	Champiñón (café)	Placa de presión de piedra
Perla de ender	Champiñón (rojo)	Hilo
Punto de experiencia	Infradrillo	Azúcar
Ojo de ender	Infracuarzo	Madera
Pluma	Estrella del Inframundo	Losa de madera
Pedernal	Obsidiana	Trigo
Lágrima de ghast	Fruta coral horneada	Cabeza de esqueleto wither

1

EL NETHER

Luego de las colinas verdes y onduladas y de los bosques exuberantes del mundo tradicional, el Nether representa un brusco cambio de escenario. En esta sección conocerás lo que te espera al otro lado de tu portal al Nether, cómo defenderte de las criaturas hostiles e infernales que lo habitan, y dónde hallar bloques y objetos valiosos.

EL ENTORNO DEL NETHER

La peligrosa dimensión del Nether está sumergida parcialmente en lava y es hogar de cinco criaturas hostiles que no has enfrentado hasta ahora. Asimismo, guarda muchos materiales indispensables para progresar. Echemos un vistazo al entorno.

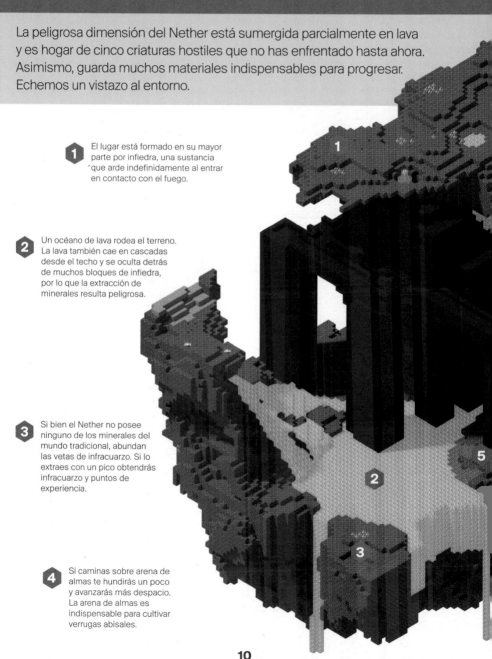

1 El lugar está formado en su mayor parte por infiedra, una sustancia que arde indefinidamente al entrar en contacto con el fuego.

2 Un océano de lava rodea el terreno. La lava también cae en cascadas desde el techo y se oculta detrás de muchos bloques de infiedra, por lo que la extracción de minerales resulta peligrosa.

3 Si bien el Nether no posee ninguno de los minerales del mundo tradicional, abundan las vetas de infracuarzo. Si lo extraes con un pico obtendrás infracuarzo y puntos de experiencia.

4 Si caminas sobre arena de almas te hundirás un poco y avanzarás más despacio. La arena de almas es indispensable para cultivar verrugas abisales.

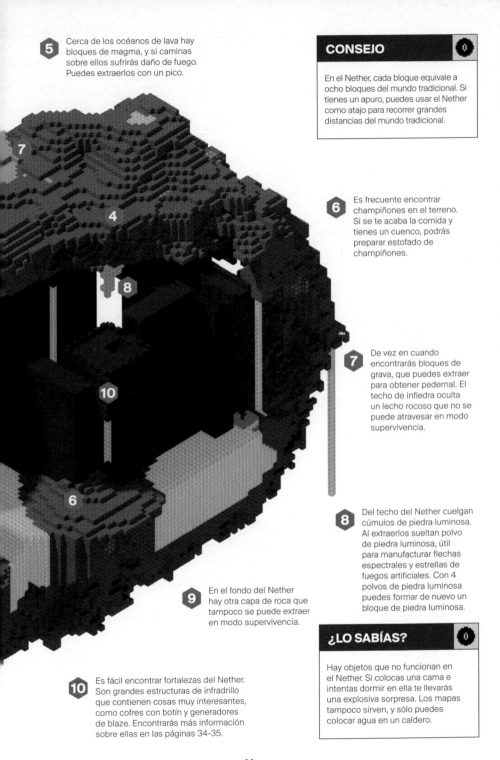

5 Cerca de los océanos de lava hay bloques de magma, y si caminas sobre ellos sufrirás daño de fuego. Puedes extraerlos con un pico.

6 Es frecuente encontrar champiñones en el terreno. Si se te acaba la comida y tienes un cuenco, podrás preparar estofado de champiñones.

7 De vez en cuando encontrarás bloques de grava, que puedes extraer para obtener pedernal. El techo de infiedra oculta un lecho rocoso que no se puede atravesar en modo supervivencia.

8 Del techo del Nether cuelgan cúmulos de piedra luminosa. Al extraerlos sueltan polvo de piedra luminosa, útil para manufacturar flechas espectrales y estrellas de fuegos artificiales. Con 4 polvos de piedra luminosa puedes formar de nuevo un bloque de piedra luminosa.

9 En el fondo del Nether hay otra capa de roca que tampoco se puede extraer en modo supervivencia.

10 Es fácil encontrar fortalezas del Nether. Son grandes estructuras de infradrillo que contienen cosas muy interesantes, como cofres con botín y generadores de blaze. Encontrarás más información sobre ellas en las páginas 34-35.

LOS BLOQUES DEL NETHER

Si logras eludir los muchos peligros del Nether y reunir los peculiares materiales que ahí se encuentran, podrás poner en práctica un gran número de recetas nuevas. Éstos son algunos ejemplos de cómo utilizar tu botín cuando regreses al mundo tradicional.

INFIEDRA

Debido a que arde indefinidamente, la infiedra es idónea para fabricar chimeneas. También puedes utilizarla en muros perimetrales, para evitar que los jugadores enemigos ataquen tu base.

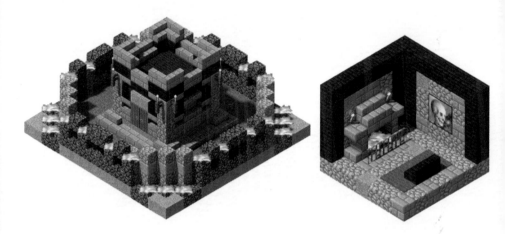

PIEDRA LUMINOSA

Su luminosidad es de 15, el nivel más alto, por lo que es ideal para los dispositivos de iluminación.

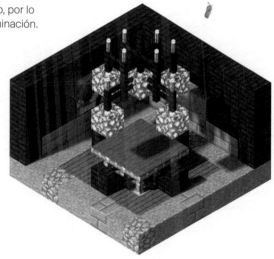

ARENA DE ALMAS

Se usa para fabricar trampas para endermite y para lepisma. Debido al reducido tamaño de las criaturas, ambas se ahogan en ella. La arena de almas se utiliza también para cultivar verruga abisal, ingrediente de muchas pociones, y para manufacturar al wither, una de las criaturas jefe de Minecraft.

INFRADRILLO

El infradrillo tiene la misma resistencia a las explosiones que la roca, pero presenta un acabado más fino y atractivo. Es un material excelente para construir bases.

DISTRIBUCIÓN PARA GENERAR AL WITHER

BLOQUE DE MAGMA

Inflige daño de fuego. Como las criaturas del mundo tradicional no son inmunes a él, resulta ideal para fortificaciones y trampas.

INFRACUARZO

Es un ingrediente clave en muchas recetas de redstone, y se utiliza para fabricar bloques decorativos de cuarzo. Un bloque de cuarzo tiene una resistencia a las explosiones de 4 (frente a 30 de la roca y del infradrillo), así que es mejor utilizarlo en detalles y no para grandes estructuras.

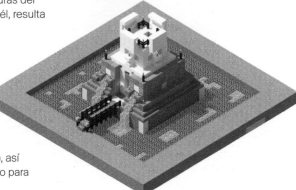

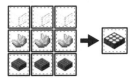

RECETA PARA SENSOR DE LUZ SOLAR

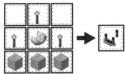

RECETA PARA COMPARADOR DE REDSTONE

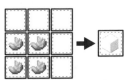

RECETA PARA BLOQUE DE CUARZO

PREPARATIVOS PARA VIAJAR AL NETHER

Conque estás convencido de que necesitas aventurarte en el Nether. Pues bien, si quieres regresar vivo y con un inventario lleno de suministros valiosos deberás ir armado con el equipo adecuado. Ésta es la guía definitiva de lo que debes llevar en tu viaje.

ARMAS Y OBJETOS DE DEFENSA

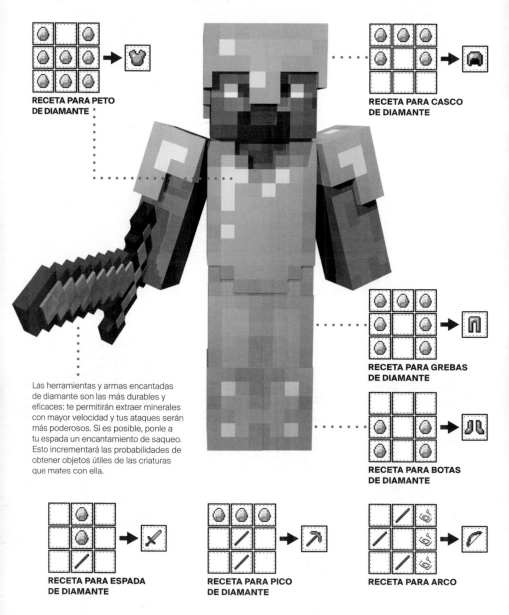

RECETA PARA PETO DE DIAMANTE

RECETA PARA CASCO DE DIAMANTE

RECETA PARA GREBAS DE DIAMANTE

Las herramientas y armas encantadas de diamante son las más durables y eficaces: te permitirán extraer minerales con mayor velocidad y tus ataques serán más poderosos. Si es posible, ponle a tu espada un encantamiento de saqueo. Esto incrementará las probabilidades de obtener objetos útiles de las criaturas que mates con ella.

RECETA PARA BOTAS DE DIAMANTE

RECETA PARA ESPADA DE DIAMANTE

RECETA PARA PICO DE DIAMANTE

RECETA PARA ARCO

Una armadura encantada de diamante te brindará la mayor seguridad. También serían convenientes los encantamientos de protección contra fuego y contra explosiones.

Las bolas de nieve son indispensables para combatir blazes, pues cada una inflige 3 de daño. Se obtienen al romper bloques de nieve con una pala.

Las pociones pueden ayudarte a contrarrestar daños y mantener tu salud. Las pociones de resistencia al fuego y de curación son ideales pero debes estar preparado para elaborarlas. A veces, las brujas sueltan pociones al ser derrotadas.

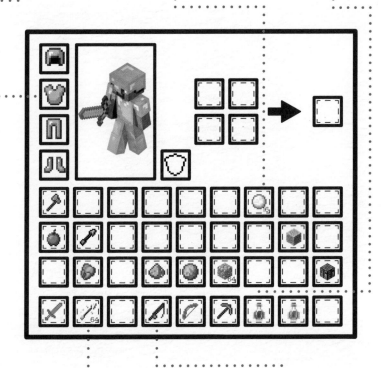

Para atacar desde una distancia segura a las criaturas hostiles necesitarás flechas, de preferencia con efectos. Se elaboran con pociones persistentes, que se obtienen al combinar la poción con aliento de dragón.

Las cañas de pescar sirven para combatir a los ghasts. Busca más información en las páginas 24-25.

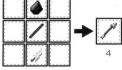

RECETA PARA FLECHA

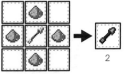

RECETA PARA FLECHA ESPECTRAL

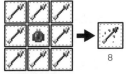

RECETA PARA FLECHA ENVENENADA

OTRAS HERRAMIENTAS Y BLOQUES

1 Es muy probable que un ghast dañe con bolas de fuego tu portal al Nether. Asegúrate de llevar bloques suplementarios de obsidiana para reconstruirlo, así como pedernal y hierro para reactivarlo.

RECETA PARA ESCALERA DE MANO

2 Unas escaleras de mano te ayudarán a avanzar por los muchos precipicios del Nether.

3 La madera no se produce de manera natural en el Nether. Lleva una reserva de madera virgen para fabricar herramientas y armas de repuesto.

4 Necesitarás abundante comida de buena calidad, como filetes, para recargar tus barras de salud y de hambre.

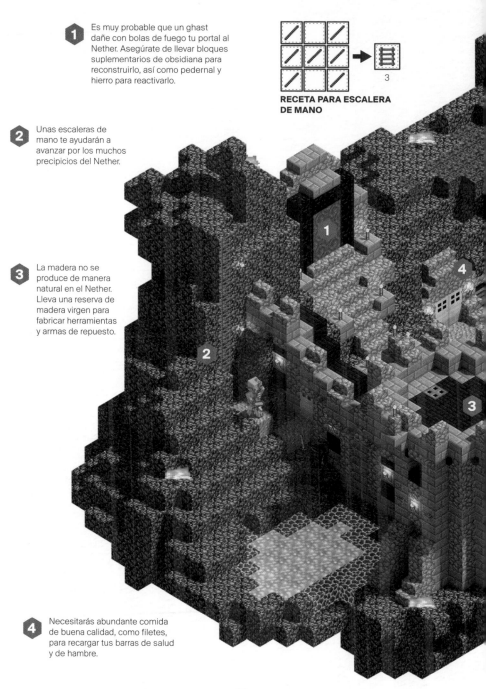

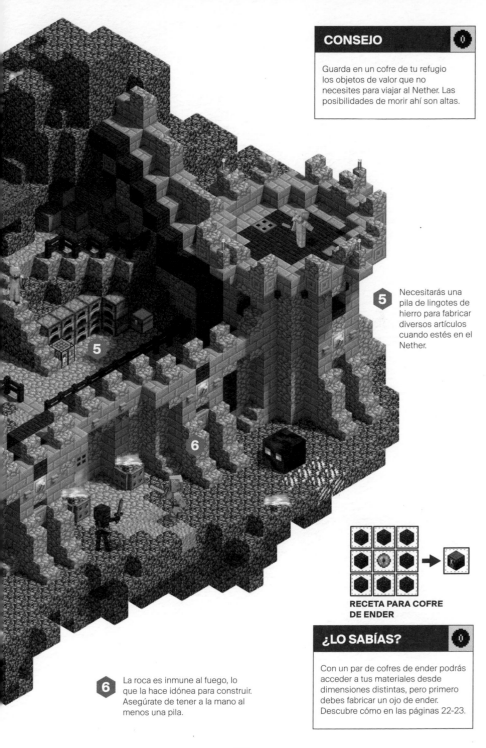

CONSEJO 🄌

Guarda en un cofre de tu refugio los objetos de valor que no necesites para viajar al Nether. Las posibilidades de morir ahí son altas.

5 Necesitarás una pila de lingotes de hierro para fabricar diversos artículos cuando estés en el Nether.

RECETA PARA COFRE DE ENDER

6 La roca es inmune al fuego, lo que la hace idónea para construir. Asegúrate de tener a la mano al menos una pila.

¿LO SABÍAS? 🄌

Con un par de cofres de ender podrás acceder a tus materiales desde dimensiones distintas, pero primero debes fabricar un ojo de ender. Descubre cómo en las páginas 22-23.

PORTALES AL NETHER

No existen accesos naturales entre el mundo tradicional y el Nether, por lo que deberás construir un portal al Nether. Con él podrás pasar de una dimensión a otra, siempre y cuando se mantenga activo. A continuación veremos cómo fabricar un portal al Nether con el menor número posible de bloques de obsidiana.

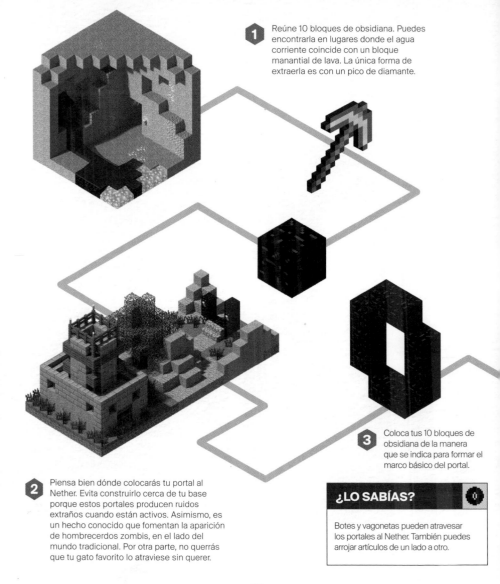

1 Reúne 10 bloques de obsidiana. Puedes encontrarla en lugares donde el agua corriente coincide con un bloque manantial de lava. La única forma de extraerla es con un pico de diamante.

3 Coloca tus 10 bloques de obsidiana de la manera que se indica para formar el marco básico del portal.

2 Piensa bien dónde colocarás tu portal al Nether. Evita construirlo cerca de tu base porque estos portales producen ruidos extraños cuando están activos. Asimismo, es un hecho conocido que fomentan la aparición de hombrecerdos zombis, en el lado del mundo tradicional. Por otra parte, no querrás que tu gato favorito lo atraviese sin querer.

¿LO SABÍAS?

Botes y vagonetas pueden atravesar los portales al Nether. También puedes arrojar artículos de un lado a otro.

Durante mucho tiempo los portales al Nether debieron seguir un diseño muy estricto, pero ahora es posible hacerlos más grandes y con dimensiones distintas, siempre y cuando siga siendo un espacio rectangular enmarcado por obsidiana. No obstante, el portal de salida al Nether siempre seguirá la escala básica de 4 x 5. Puedes reconstruirla, pero si las formas no coinciden en ambos lados, tendrás menos control sobre dónde emergerás.

7 Ten cuidado al salir de tu portal en el lado del Nether. No hay manera de controlar a dónde irá a dar, y si tienes mala suerte puede que quede flotando sobre un océano de lava.

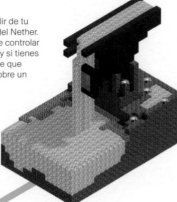

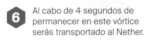

CONSEJO

Si resulta que emerges en una isla flotante o sobre un océano de lava, intenta salir del portal construyendo estructuras de roca. Usa la función de agacharse para no caer.

6 Al cabo de 4 segundos de permanecer en este vórtice serás transportado al Nether.

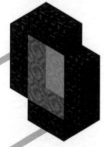

4 Puedes completar las esquinas del rectángulo pero no es indispensable. Es mejor ahorrar esos 4 bloques de obsidiana.

5 Utiliza el encendedor dentro del marco de obsidiana para activar el portal.

RECETA PARA ENCENDEDOR

SOBREVIVENCIA Y EXPLORACIÓN

No es sencillo sobrevivir en el Nether, entre lava, precipicios peligrosos y nuevas criaturas hostiles y terroríficas. Además, el terreno no presenta muchos rasgos distintivos, por lo que es fácil extraviarse. Sin embargo, si sigues estos consejos tendrás buenas probabilidades de sobrevivir en tu aventura.

1 Construye un refugio en torno a tu portal. Por lo pronto, hazlo con roca y una puerta de hierro; más tarde podrás mejorarlo con infradrillo. Así evitarás que un ghast lo destruya con sus bolas de fuego y quedes atrapado en el Nether.

2 Cuando estés a salvo dentro del refugio del portal, busca amenazas inmediatas en los alrededores: criaturas, corrientes de lava, precipicios y bloques de magma.

3 Construye una mesa de trabajo y un cofre, así podrás fabricar equipo adicional en caso necesario. Almacena madera y lingotes de hierro.

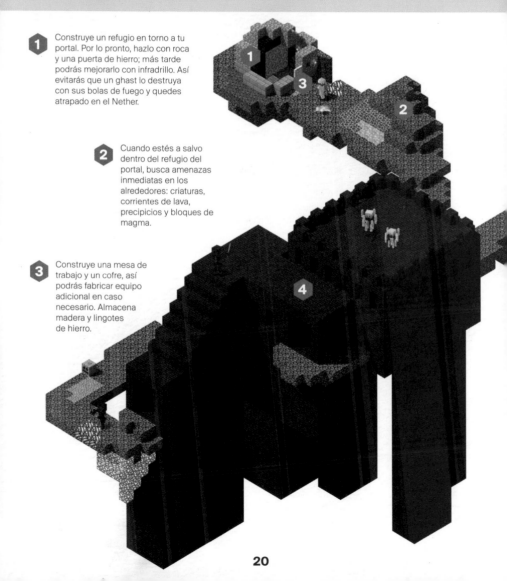

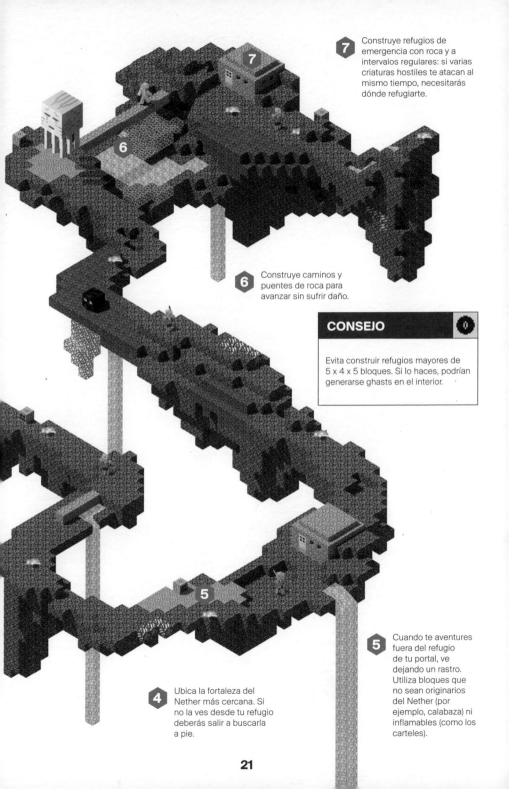

7 Construye refugios de emergencia con roca y a intervalos regulares: si varias criaturas hostiles te atacan al mismo tiempo, necesitarás dónde refugiarte.

6 Construye caminos y puentes de roca para avanzar sin sufrir daño.

CONSEJO

Evita construir refugios mayores de 5 x 4 x 5 bloques. Si lo haces, podrían generarse ghasts en el interior.

5 Cuando te aventures fuera del refugio de tu portal, ve dejando un rastro. Utiliza bloques que no sean originarios del Nether (por ejemplo, calabaza) ni inflamables (como los carteles).

4 Ubica la fortaleza del Nether más cercana. Si no la ves desde tu refugio deberás salir a buscarla a pie.

LAS CRIATURAS

El Nether está infestado de criaturas hostiles a las que no les gusta que invadan su territorio. A muchas las encontrarás deambulando libremente; otras prefieren mantenerse en los confines de las fortalezas del Nether. Veamos cómo vencerlas y qué recompensas puedes obtener de ellas.

BLAZE

AGRESIVIDAD

PUNTOS DE SALUD	20
FUERZA DE ATAQUE	4-9
CÓMO DERROTARLO	
RECOMPENSAS	0-1 10

NIVEL DE LUZ PARA BROTE

15
11
0

DÓNDE APARECE
En cualquier parte del Nether en niveles de luz de 11 o menores, y en generadores de criaturas en las fortalezas.

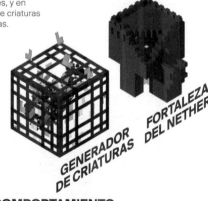

GENERADOR DE CRIATURAS

FORTALEZA DEL NETHER

COMPORTAMIENTO
Cuando están inactivos flotan a poca altura del suelo pero cuando encuentran un blanco avanzan volando. Al moverse sueltan humo, y unas varas de blaze empiezan a girar a su alrededor. Emiten un chirrido metálico.

FORMA DE ATAQUE

Persiguen a los jugadores en un radio de 48 bloques y disparan bolas de fuego a una distancia de hasta 16 bloques. Las bolas de fuego infligen daño al contacto. Los blazes golpean a sus blancos en un radio de 2 bloques.

ATRIBUTOS ESPECIALES

Los blazes son inmunes al fuego y a la lava, por lo que llevan ventaja sobre los jugadores. Si infliges daño a un blaze, éste alertará a sus congéneres en un radio de 48 bloques, los cuales te atacarán en represalia.

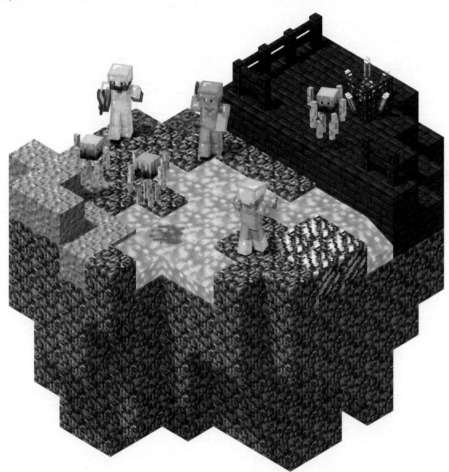

CÓMO DERROTARLO

Al atacar a un blaze lo mejor es guardar tu distancia. Lánzale bolas de nieve o dispárale con arco y flechas. Bebe una poción de resistencia al fuego y desactiva pronto el generador de blazes con cinco antorchas. En caso de emergencia, golpéalos con tu espada.

RECOMPENSAS VALIOSAS

Al derrotarlos pueden soltar una vara de blaze, necesaria para fabricar un soporte para pociones. Las varas son también combustible para el soporte pero hay que transformarlas primero en polvo de blaze. El polvo sirve también para manufacturar el ojo de ender.

GHAST

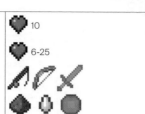

PUNTOS DE SALUD	10
FUERZA DE ATAQUE	6-25
CÓMO DERROTARLO	
RECOMPENSAS	0-2 0-1 5

NIVEL
DE LUZ
PARA
BROTE

15

0

DÓNDE APARECE
En cualquier espacio de 5 x 4 x 5 en el Nether, en cualquier nivel de luz.

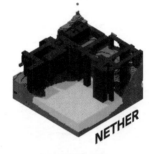

NETHER

COMPORTAMIENTO

Flotan lentamente por todo el Nether. Cuando están inactivos sus ojos y boca permanecen cerrados, como si estuvieran durmiendo, pero siempre están en busca de objetivos en un radio de 16 bloques. De vez en cuando emiten un extraño sonido agudo.

FORMA DE ATAQUE

Cuando un ghast está a punto de atacar abre los ojos y la boca, que son de color rojo. Cuando dispara sus bolas de fuego emite una especie de gorjeo. Las bolas de fuego tienen alcance ilimitado e infligen daño al contacto.

ATRIBUTOS ESPECIALES

Están entre las criaturas más grandes: sus cuerpos son de 4 x 4 x 4 bloques, más 9 tentáculos inferiores. Asimismo, tienen un radio de búsqueda muy amplio: pueden localizar blancos hasta a 100 bloques de distancia.

¿LO SABÍAS?

Si logras destruir a un ghast devolviéndole su propia bola de fuego, obtendrás el logro «devolver al remitente».

CÓMO DERROTARLO

Si tienes buena puntería, devuélvele sus bolas de fuego con tu espada. También puedes dispararle desde lejos con arco y flecha encantados, o jalarlo hacia ti con una caña de pescar y liquidarlo con la espada.

RECOMPENSAS VALIOSAS

Pueden soltar hasta 2 pólvoras, la cual es necesaria para producir TNT y cargas ígneas. También pueden soltar una lágrima de ghast, indispensable para elaborar poción mundana, poción de regeneración y cristales del Fin.

CUBO DE MAGMA

PUNTOS DE SALUD	1-16
FUERZA DE ATAQUE	3-6
CÓMO DERROTARLO	
RECOMPENSAS	0-1 1-4

NIVEL
DE LUZ
PARA
BROTE

15
0

¿LO SABÍAS?

Los hay de tres encantadores tamaños: grande, mediano y chico. Al generarse, todos los cubos de magma son grandes pero al recibir daño se dividen en cubos medianos; los medianos se dividen en pequeños, y éstos finalmente desaparecen.

COMPORTAMIENTO

Pueden generarse en cualquier parte del Nether pero lo hacen con más frecuencia dentro de las fortalezas del Nether. Cuando están inactivos saltan de un lado a otro y buscan jugadores para atacar en un radio de 16 bloques.

DÓNDE APARECE

En cualquier lugar del Nether, en cualquier nivel de luz.

NETHER

FORMA DE ATAQUE

Los cubos de magma infligen daño con sólo tocarlos, pero para causar el máximo daño saltan hacia sus víctimas e intentan aterrizar sobre ellas. Al dividirse en fragmentos más pequeños, los cubos de magma van perdiendo la fuerza para saltar.

ATRIBUTOS ESPECIALES

Además de ser inmunes al fuego y a la lava, los cubos de magma pueden nadar en lava con bastante rapidez. También son inmunes al daño por caída. Cuando sufren daño se dividen en cubos más pequeños y avanzan al doble de velocidad que la mayoría de las criaturas.

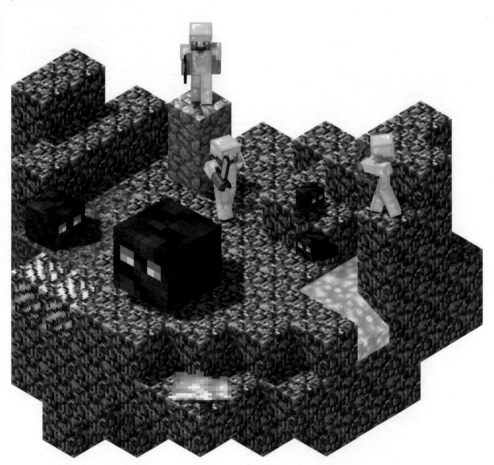

CÓMO DERROTARLO

Párate sobre una columna de dos bloques de altura y golpéalo por encima con una espada de diamante. Esto evitará que salte sobre ti. También puedes dispararle con arco y flecha desde una distancia segura.

RECOMPENSAS VALIOSAS

La probabilidad de que suelten una crema de magma es de 25%, pero disminuye si usas espada con saqueo. La crema de magma sirve para elaborar poción mundana, poción de resistencia al fuego y bloques de magma.

ESQUELETO WITHER

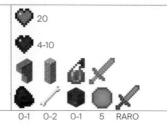

AGRESIVIDAD

PUNTOS DE SALUD	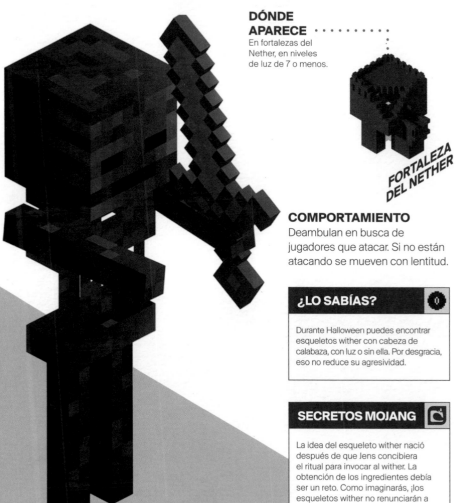 20
FUERZA DE ATAQUE	4-10
CÓMO DERROTARLO	
RECOMPENSAS	0-1 0-2 0-1 5 RARO

**NIVEL
DE LUZ
PARA
BROTE**

15

7

0

DÓNDE APARECE

En fortalezas del Nether, en niveles de luz de 7 o menos.

FORTALEZA DEL NETHER

COMPORTAMIENTO

Deambulan en busca de jugadores que atacar. Si no están atacando se mueven con lentitud.

¿LO SABÍAS?

Durante Halloween puedes encontrar esqueletos wither con cabeza de calabaza, con luz o sin ella. Por desgracia, eso no reduce su agresividad.

SECRETOS MOJANG

La idea del esqueleto wither nació después de que Jens concibiera el ritual para invocar al wither. La obtención de los ingredientes debía ser un reto. Como imaginarás, ¡los esqueletos wither no renunciarán a sus cabezas sin oponer resistencia!

FORMA DE ATAQUE

Tan pronto ven a un jugador, corren hacia él y lo golpean con su espada de roca. También infligen el efecto de wither, que durará 10 segundos: la barra de salud se pondrá negra y perderá un punto de salud cada 2 segundos.

ATRIBUTOS ESPECIALES

Los esqueletos wither son inmunes al fuego y a la lava. Son capaces de recoger armas o armaduras del suelo. Como a todos los muertos vivientes del juego, la poción de daño los cura y la poción de curación los daña.

CÓMO DERROTARLO

Utiliza su altura en su contra: entra en un espacio de 2 bloques de altura y golpéalo a través de la hendidura con una espada de diamante encantada. También puedes subir a una columna de tres bloques de altura y lanzarle una poción arrojadiza de curación.

RECOMPENSAS VALIOSAS

Pueden soltar un carbón y hasta dos huesos, que puedes transformar en polvo de hueso. En raras ocasiones sueltan su calavera; hacen falta tres calaveras para crear al wither jefe. Encontrarás más información en las páginas 32-33. También pueden soltar su espada.

HOMBRECERDO ZOMBI

AGRESIVIDAD

PUNTOS DE SALUD	20				
FUERZA DE ATAQUE	5-13				
CÓMO DERROTARLO					
RECOMPENSAS					
	0-1	0-1	0-1	0-1	5

NIVEL DE LUZ PARA BROTE

15

0

DÓNDE APARECE

En cualquier parte del Nether.

NETHER

En el mundo tradicional, al caer un rayo a menos de 4 bloques de un cerdo.

PORTAL AL NETHER

MUNDO TRADICIONAL

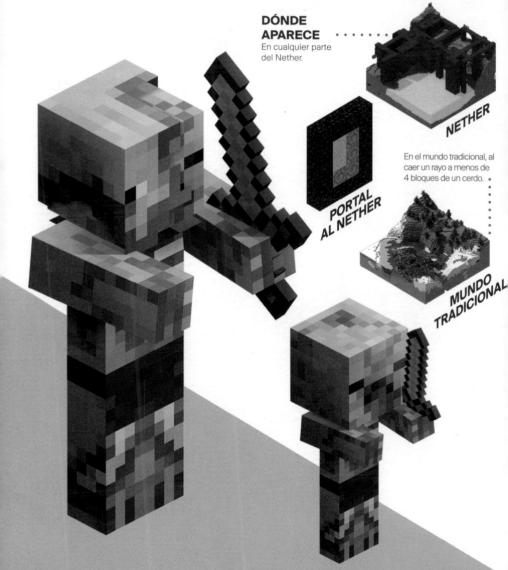

COMPORTAMIENTO

Los hombrecerdos zombis son las únicas criaturas neutrales del Nether. En su estado neutral se mueven lentamente y no actúan si no se les ataca. Notarás su presencia al escuchar su gruñido, parecido al de un cerdo.

FORMA DE ATAQUE

Si no los atacas no se meterán contigo, pero si lo haces, todos los que estén cerca tomarán represalias y te atacarán con sus espadas. Su velocidad aumenta al verse asediados, y corres el riesgo de que te acorralen.

CONSEJO

Ten cuidado con los hombrecerdos zombis bebé: son más rápidos que los hombrecerdos zombis normales, por lo que estarás en desventaja.

ATRIBUTOS ESPECIALES

Los hombrecerdos zombis son inmunes al fuego y a la lava. Tienen la habilidad de recoger armas y objetos. 5% de ellos aparecen como hombrecerdos zombis bebés, y 5% de éstos serán hombrecerdos jinetes. Los hombrecerdos zombis son inmunes al veneno.

¿LO SABÍAS?

Al igual que sus contrapartes del mundo tradicional, los hombrecerdos zombis pueden derribar las puertas de madera si juegas en modo difícil.

CÓMO DERROTARLO

Enfrenta a los hombrecerdos zombis de uno en uno para evitar que te rodeen. Dispárales desde lejos con arco y flecha, lánzales una poción arrojadiza de curación, o colócate sobre una columna de tierra de dos bloques de altura y golpéalos desde arriba con tu espada.

RECOMPENSAS VALIOSAS

Al derrotarlos pueden soltar carne podrida, la cual se utiliza para criar, curar y atraer lobos domesticados. También pueden soltar una pepita de oro o un lingote de oro, útil para manufacturar, o su espada de oro, a la que puedes ponerle un encantamiento.

EL WITHER

PUNTOS DE SALUD		300
FUERZA DE ATAQUE		5-12
CÓMO DERROTARLO		
RECOMPENSAS		

1   50

NIVEL DE LUZ PARA BROTE

15

0

CONSEJO

Los golems de nieve son aliados valiosos al luchar contra el wither: al lanzarle sus bolas de nieve lo distraerán y evitarán que te ataque. Crea un pequeño ejército de golems de nieve y tendrás más probabilidades de alcanzar el éxito.

APARICIÓN

Creado por el jugador, con 4 bloques de arena de almas y tres calaveras de esqueleto wither. Para que se genere, el último bloque en colocarse debe ser una calavera de esqueleto wither.

¿LO SABÍAS?

El wither no puede generarse en modo pacífico; si lo intentaras, los bloques se quedarán inertes.

CONSEJO

Hay una pista para la creación del wither en una de las pinturas de Minecraft.

COMPORTAMIENTO

Al aparecer, el wither emite destellos azules y crece a medida que se llena su barra de salud. En esta etapa es invulnerable pero no se mueve ni ataca. Luego produce una violenta explosión que destruye cuantos bloques y criaturas estén cerca. Finalmente, empezará a atacar. Es hostil hacia cualquier jugador y criatura, con excepción de los muertos vivientes: esqueletos, zombis, hombrecerdos zombis, esqueletos de wither, esqueletos errantes, zombis momificados y otros withers.

ATRIBUTOS ESPECIALES

El wither es inmune al fuego, a la lava, al ahogamiento y a la asfixia. Además, tiene 300 puntos de salud, 100 más que el enderdragón.

FORMA DE ATAQUE

Cada una de sus cabezas dispara calaveras de wither, de modo que puede atacar a tres jugadores o criaturas al mismo tiempo. Si una calavera hace contacto con un jugador, éste sufrirá el efecto del wither, el cual merma la salud durante 40 segundos.

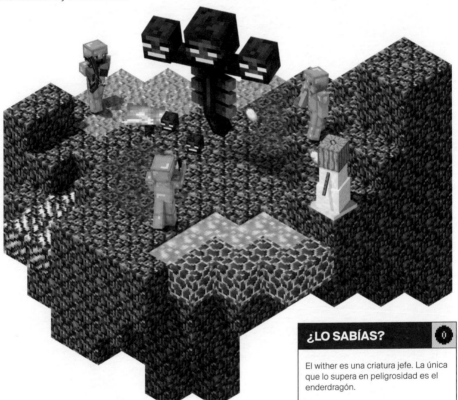

¿LO SABÍAS?

El wither es una criatura jefe. La única que lo supera en peligrosidad es el enderdragón.

CÓMO DERROTARLO

Apártate cuando empiece a emitir destellos azules para que no te alcance la explosión. Luego de que explote, dispárale con arco y flecha encantados mientras bebes pociones de fuerza y de curación. Como a todos los muertos vivientes, una poción arrojadiza de curación lo dañará. También puedes golpearlo con una espada de diamante encantada.

RECOMPENSAS VALIOSAS

Si logras derrotar al wither soltará una estrella del Nether, que permanecerá en el suelo hasta que la recojas. La estrella es indispensable para crear el faro, un bloque muy útil que puedes colocar sobre las pirámides para propagar efectos de estado y para iluminar.

FORTALEZA DEL NETHER

Las fortalezas son grandes estructuras que aparecen de manera natural a lo largo del eje z (norte-sur) del Nether. Están hechas de infradrillo y cubiertas parcialmente de infiedra. Son una valiosa fuente de materiales y de cofres con botín, siempre y cuando logres derrotar a las criaturas hostiles que lo habitan.

1 PUENTES
Las fortalezas suelen estar rodeadas de puentes. Cualquiera de ellos te llevará al interior.

2 BALCONES
Los balcones exteriores te ofrecerán una vista privilegiada de los alrededores y de las criaturas que pudieran atacarte. Cuentan con una valla de infradrillo que evitará que te caigas.

3 DEPÓSITO DE LAVA
Estas habitaciones contienen un pequeño manantial de lava y señalan la entrada a la fortaleza. Se localizan al final de los puentes exteriores.

PASILLOS

El interior de la fortaleza consta principalmente de pasillos oscuros. Las criaturas hostiles deambulan libremente por ellos, así que ten cuidado al dar vuelta en un recodo.

COFRES CON BOTÍN

Alrededor de un tercio de los pasillos contienen un cofre con botín. En ellos puedes encontrar desde obsidiana hasta armaduras de diamante para caballo.

ESCALERAS CON VERRUGA ABISAL

La verruga abisal es un ingrediente importante para pociones. Crece a los costados de las escaleras, sobre porciones de arena de almas.

GENERADORES DE BLAZE

Se encuentran sobre plataformas elevadas que se alcanzan por medio de escaleras. Conviene desactivarlos lo antes posible porque producen blazes de manera regular.

CÓMO EXPANDIR Y PROTEGER UNA FORTALEZA DEL NETHER

La estructura de una fortaleza del Nether puede servir como cimiento para construir una base impenetrable, pero primero necesitarás deshacerte de las criaturas hostiles y realizar algunas mejoras. Sigue estos pasos para convertirla en una fortaleza inexpugnable e imponente.

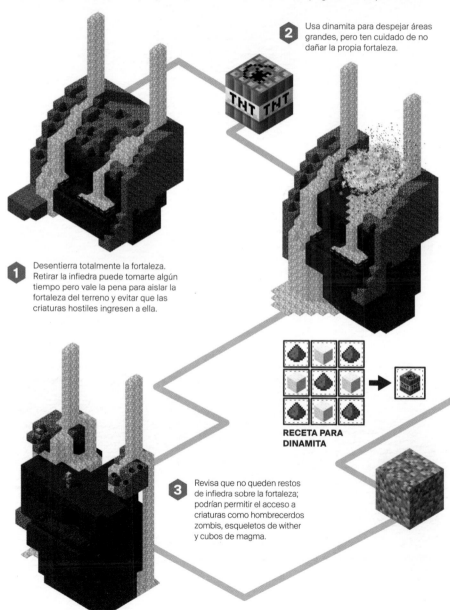

2 Usa dinamita para despejar áreas grandes, pero ten cuidado de no dañar la propia fortaleza.

1 Desentierra totalmente la fortaleza. Retirar la infiedra puede tomarte algún tiempo pero vale la pena para aislar la fortaleza del terreno y evitar que las criaturas hostiles ingresen a ella.

RECETA PARA DINAMITA

3 Revisa que no queden restos de infiedra sobre la fortaleza; podrían permitir el acceso a criaturas como hombrecerdos zombis, esqueletos de wither y cubos de magma.

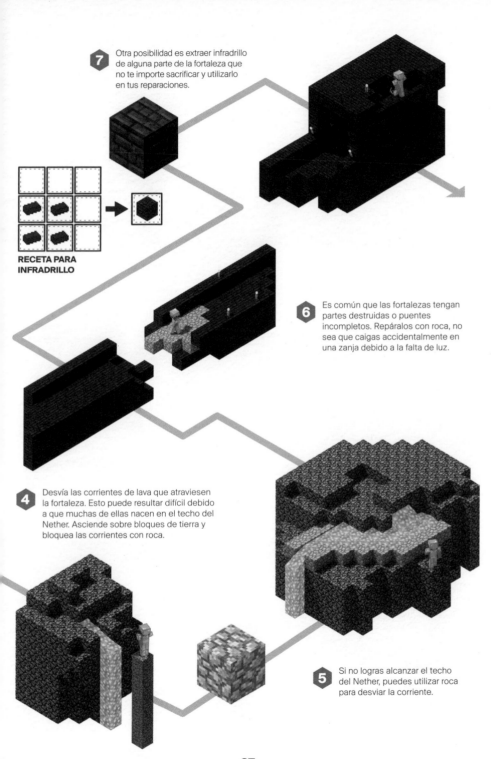

7 Otra posibilidad es extraer infradrillo de alguna parte de la fortaleza que no te importe sacrificar y utilizarlo en tus reparaciones.

RECETA PARA INFRADRILLO

6 Es común que las fortalezas tengan partes destruidas o puentes incompletos. Repáralos con roca, no sea que caigas accidentalmente en una zanja debido a la falta de luz.

4 Desvía las corrientes de lava que atraviesen la fortaleza. Esto puede resultar difícil debido a que muchas de ellas nacen en el techo del Nether. Asciende sobre bloques de tierra y bloquea las corrientes con roca.

5 Si no logras alcanzar el techo del Nether, puedes utilizar roca para desviar la corriente.

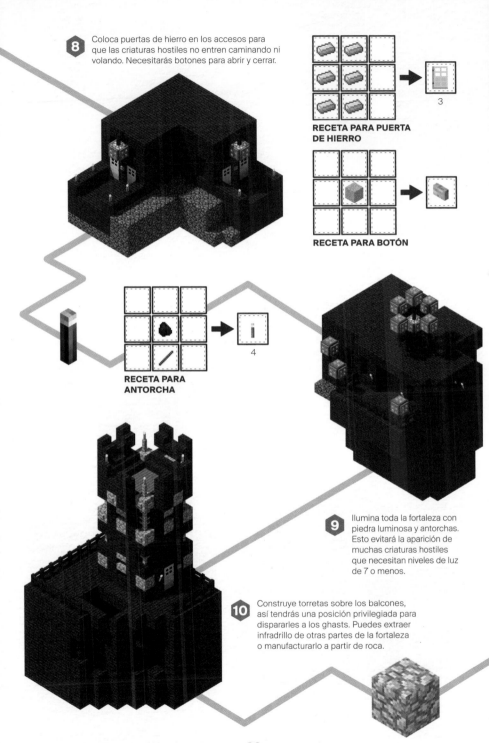

8 Coloca puertas de hierro en los accesos para que las criaturas hostiles no entren caminando ni volando. Necesitarás botones para abrir y cerrar.

RECETA PARA PUERTA DE HIERRO

3

RECETA PARA BOTÓN

RECETA PARA ANTORCHA

4

9 Ilumina toda la fortaleza con piedra luminosa y antorchas. Esto evitará la aparición de muchas criaturas hostiles que necesitan niveles de luz de 7 o menos.

10 Construye torretas sobre los balcones, así tendrás una posición privilegiada para dispararles a los ghasts. Puedes extraer infradrillo de otras partes de la fortaleza o manufacturarlo a partir de roca.

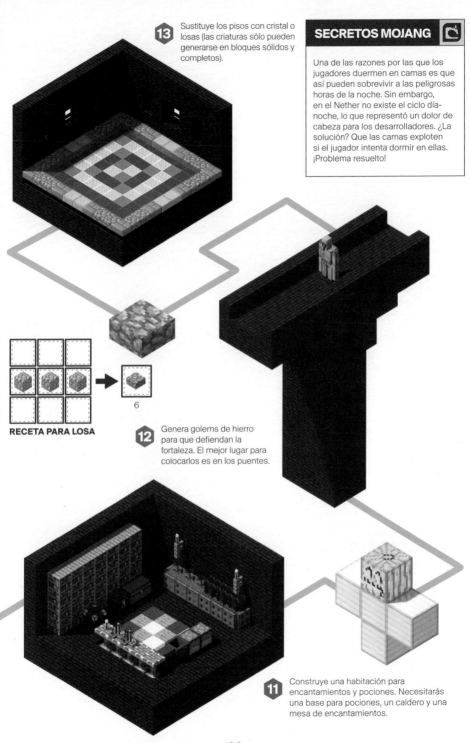

13 Sustituye los pisos con cristal o losas (las criaturas sólo pueden generarse en bloques sólidos y completos).

6

RECETA PARA LOSA

12 Genera golems de hierro para que defiendan la fortaleza. El mejor lugar para colocarlos es en los puentes.

11 Construye una habitación para encantamientos y pociones. Necesitarás una base para pociones, un caldero y una mesa de encantamientos.

RED DE VAGONETAS

Una red cercada de vagonetas te permitirá viajar rápidamente dentro de tu fortaleza y de ésta a tu portal sin que las criaturas te acorralen. Constrúyela siguiendo estos pasos... ¡y úsala también como una divertida montaña rusa!

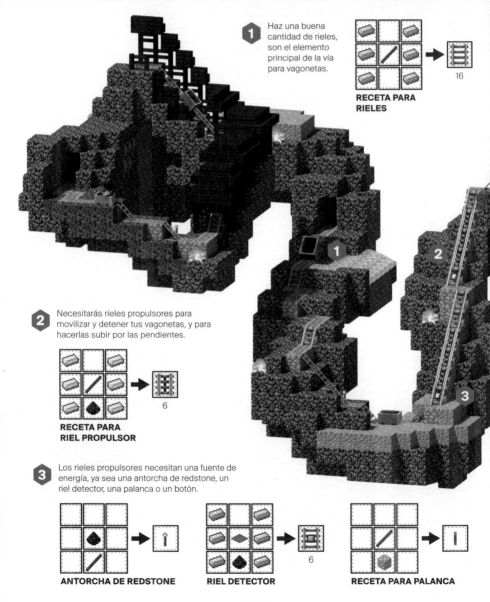

1 Haz una buena cantidad de rieles, son el elemento principal de la vía para vagonetas.

16

RECETA PARA RIELES

2 Necesitarás rieles propulsores para movilizar y detener tus vagonetas, y para hacerlas subir por las pendientes.

6

RECETA PARA RIEL PROPULSOR

3 Los rieles propulsores necesitan una fuente de energía, ya sea una antorcha de redstone, un riel detector, una palanca o un botón.

ANTORCHA DE REDSTONE

6

RIEL DETECTOR

RECETA PARA PALANCA

4 Delinea con roca la vía para las vagonetas y pon encima los rieles. Coloca una fuente de energía en el bloque adyacente a cada riel propulsor.

5 Cerca tu red de vagonetas con infradrillo y vallas de infradrillo, que son inmunes al fuego y a la lava.

6 Haz una vagoneta y pon a prueba tu red. Es posible que debas colocar más rieles propulsores en lugares estratégicos.

RECETA PARA VAGONETA

CULTIVO

Los champiñones son la única fuente de alimento que crece de manera natural en el Nether, donde, además, no puede utilizarse el agua. Aun así, puedes cultivar tu propia comida. Sigue estos pasos para establecer una granja sustentable y permanecer en el Nether todo el tiempo que quieras sin temor a morir de hambre.

ÁRBOLES
Planta brotes de árbol para obtener madera. Sólo necesitas bloques de tierra y una fuente de luz. Deja espacio suficiente entre los brotes para que puedan crecer. Los robles también sueltan manzanas que puedes comer o combinar con lingotes de oro para elaborar manzanas de oro. Utiliza árboles de jungla para cultivar cacao (ver página 45).

TRIGO, ZANAHORIA, PAPA Y BETABEL
El trigo, la zanahoria, la papa y el betabel pueden crecer sin agua pero lo harán lentamente. Trae tierra del mundo tradicional, colócala en el sitio que hayas elegido y usa una azada para convertirla en tierra de cultivo. Planta inmediatamente las semillas. Coloca bloques de piedra luminosa a los costados para que tengan luz y puedan crecer.

MELÓN Y CALABAZA
El melón y la calabaza no necesitan agua para desarrollarse, sólo requieren luz y un bloque adyacente donde crecer.

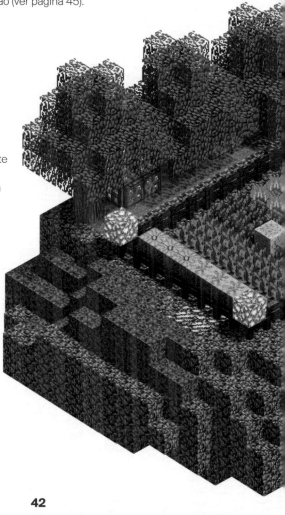

¿LO SABÍAS?

Una manera de llevar agua a los plantíos del Nether es colocando esponjas húmedas junto a la tierra de cultivo. Estas esponjas se encuentran en los monumentos oceánicos.

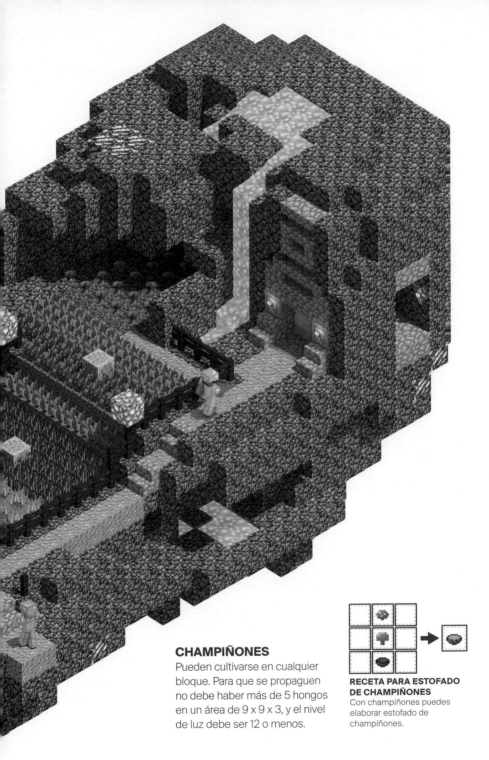

CHAMPIÑONES

Pueden cultivarse en cualquier bloque. Para que se propaguen no debe haber más de 5 hongos en un área de 9 x 9 x 3, y el nivel de luz debe ser 12 o menos.

RECETA PARA ESTOFADO DE CHAMPIÑONES
Con champiñones puedes elaborar estofado de champiñones.

CRÍA DE POLLOS

Es fácil importar huevos de pollo al Nether. Si los lanzas a un corral, 1 de cada 8 producirá un pollo. Coloca tu corral en el interior para que los pollos estén a salvo.

TRASLADO DE OTROS ANIMALES AL NETHER

Si bien puedes usar tu portal para trasladar otros animales al Nether (vacas, ovejas, cerdos, caballos), no será sencillo, en especial si el portal está lejos de tu fortaleza. Considera la posibilidad de construir un portal nuevo dentro de la fortaleza. De esta manera será más fácil llevar a los animales a su nuevo hogar. La forma más segura de hacerlos cruzar por el portal es atarlos primero con riendas.

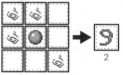

RECETA PARA RIENDA

PANADERÍA

Para establecer una en tu fortaleza necesitas importar del mundo tradicional algunos ingredientes clave. Si tienes a la mano pasteles, pan, galletas y pasteles de calabaza, ¡tendrás más posibilidades de sobrevivir!

Si no cuentas con vacas en el Nether tendrás que importar baldes de leche.

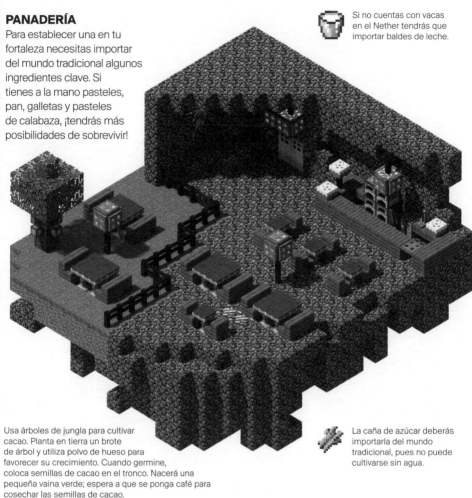

Usa árboles de jungla para cultivar cacao. Planta en tierra un brote de árbol y utiliza polvo de hueso para favorecer su crecimiento. Cuando germine, coloca semillas de cacao en el tronco. Nacerá una pequeña vaina verde; espera a que se ponga café para cosechar las semillas de cacao.

La caña de azúcar deberás importarla del mundo tradicional, pues no puede cultivarse sin agua.

RECETAS DE PAN

Cuando hayas recolectado los ingredientes necesarios podrás elaborar estos alimentos que restaurarán tus puntos de comida.

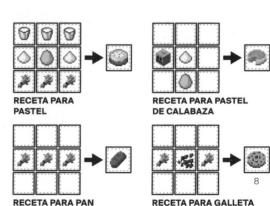

RECETA PARA PASTEL

RECETA PARA PASTEL DE CALABAZA

RECETA PARA PAN

RECETA PARA GALLETA

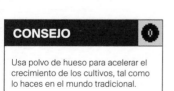

CONSEJO

Usa polvo de hueso para acelerar el crecimiento de los cultivos, tal como lo haces en el mundo tradicional.

2

EL FIN

Una vez conquistado el Nether podrás preparar tus pociones y alistarte para el desafío máximo. En esta sección descubrirás cómo llegar a la peligrosa dimensión del Fin, cómo enfrentar a la más dañina de las criaturas jefe, el enderdragón, y dónde hallar los bloques y artículos más preciados una vez que lo hayas vencido.

EL ENTORNO DEL FIN

El Fin es un conjunto de islas rodeado por una oquedad enorme llamada el Vacío, y está sumergido en una oscuridad perpetua. La ausencia casi completa de recursos y la presencia del enderdragón, la criatura jefe de Minecraft, hacen que ésta sea para muchos jugadores la aventura máxima de supervivencia.

1 Todas las islas están formadas por piedra del Fin, material que tiene más resistencia a las explosiones que la piedra común. Puede extraerse usando el pico.

2 La isla central es el hogar del enderdragón. Lo único que hay en el lugar es un pequeño podio y varios pilares de obsidiana. Sobre éstos hay cristales de ender, algunos protegidos por barrotes de hierro. Luego de vencer al dragón podrás extraer la obsidiana y los barrotes pero deberás destruir los cristales. Busca más información en las páginas 56-59.

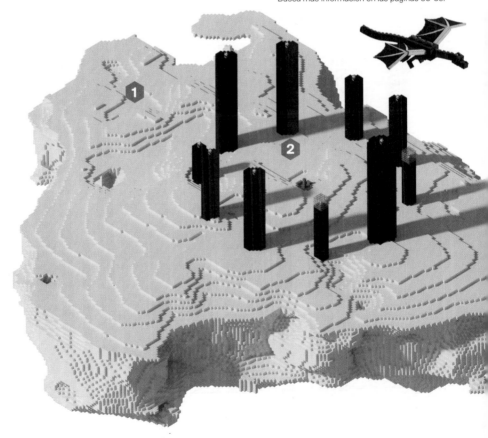

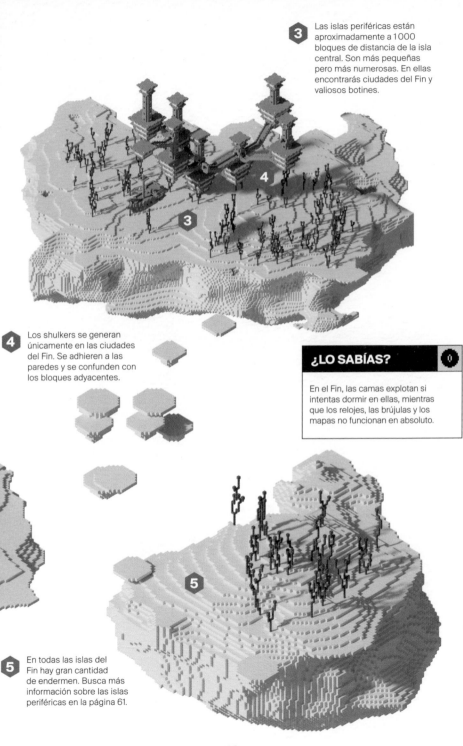

3 Las islas periféricas están aproximadamente a 1000 bloques de distancia de la isla central. Son más pequeñas pero más numerosas. En ellas encontrarás ciudades del Fin y valiosos botines.

4 Los shulkers se generan únicamente en las ciudades del Fin. Se adhieren a las paredes y se confunden con los bloques adyacentes.

¿LO SABÍAS?

En el Fin, las camas explotan si intentas dormir en ellas, mientras que los relojes, las brújulas y los mapas no funcionan en absoluto.

5 En todas las islas del Fin hay gran cantidad de endermen. Busca más información sobre las islas periféricas en la página 61.

PREPARATIVOS PARA VIAJAR AL FIN

Debido a los peligros que te aguardan, debes poner especial cuidado al prepararte para tu viaje al Fin. No sólo está el enderdragón; también hay endermen y shulkers, y el riesgo de caer al Vacío. Si pretendes salir con vida, esto es lo que necesitas llevar.

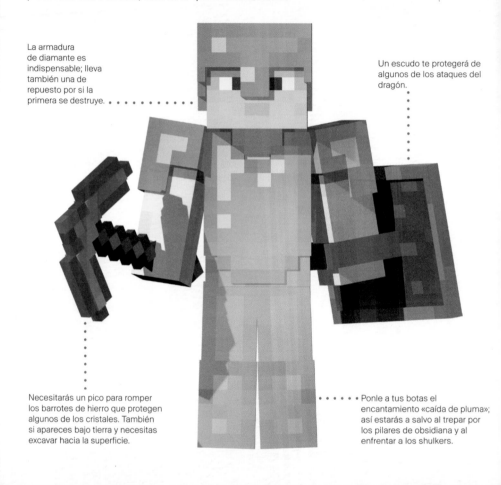

La armadura de diamante es indispensable; lleva también una de repuesto por si la primera se destruye.

Un escudo te protegerá de algunos de los ataques del dragón.

Necesitarás un pico para romper los barrotes de hierro que protegen algunos de los cristales. También si apareces bajo tierra y necesitas excavar hacia la superficie.

Ponle a tus botas el encantamiento «caída de pluma»; así estarás a salvo al trepar por los pilares de obsidiana y al enfrentar a los shulkers.

 Si llevas una calabaza a manera de casco, evitarás que los endermen te ataquen cuando los mires directamente. Sin embargo, la calabaza no ofrece protección.

 Los ojos de ender son indispensables para localizar una fortaleza y para reparar el portal al Fin.

 Para infligir daño al dragón necesitarás un arco encantado y flechas de daño.

 Si apareces a cierta distancia de la isla principal, requerirás perlas de ender para teletransportarte. También las necesitarás después de vencer al dragón.

 La espada de diamante encantada es la mejor opción para combatir cuerpo a cuerpo con el dragón.

 Lleva alimentos de calidad (filete y pastel) para que tus barras de hambre y de salud estén siempre llenas.

Necesitarás frascos de cristal para recolectar aliento de dragón. Busca más información sobre esta valiosa sustancia en las páginas 56-57.

Lleva una pila extra de obsidiana para construir un refugio de emergencia.

Necesitarás pociones de curación, de velocidad y de fortaleza para restaurar tu salud, así como pociones arrojadizas de daño para atacar al dragón.

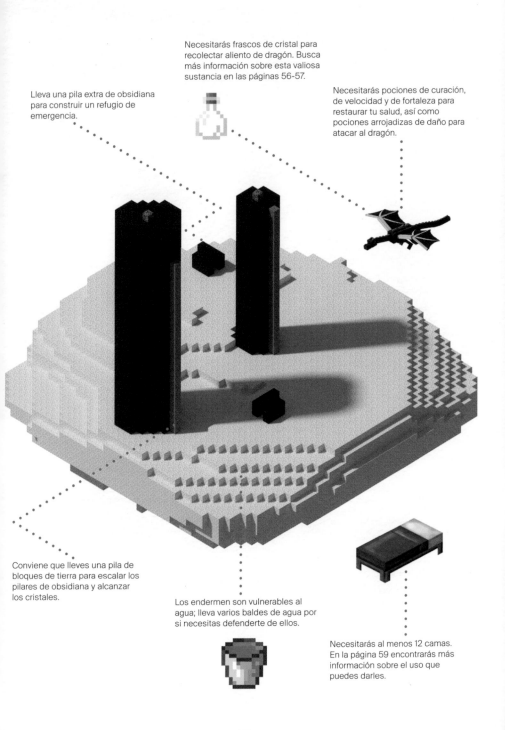

Conviene que lleves una pila de bloques de tierra para escalar los pilares de obsidiana y alcanzar los cristales.

Los endermen son vulnerables al agua; lleva varios baldes de agua por si necesitas defenderte de ellos.

Necesitarás al menos 12 camas. En la página 59 encontrarás más información sobre el uso que puedes darles.

CÓMO LOCALIZAR UNA FORTALEZA

Las fortalezas son estructuras que se generan de manera natural y contienen un portal al Fin. Cada mundo tiene un número limitado de ellas (128) y están ocultas bajo tierra. Sigue estos pasos para encontrar la más cercana.

1 Fabrica ojos de ender. Necesitarás varios de ellos para localizar la fortaleza, y hasta 12 adicionales para activar el portal. Se elaboran a partir de perlas de ender (que sueltan los endermen) y de polvo de blaze (que se elabora a partir de varas de blaze, que estas criaturas sueltan en el Nether).

RECETA PARA OJO DE ENDER

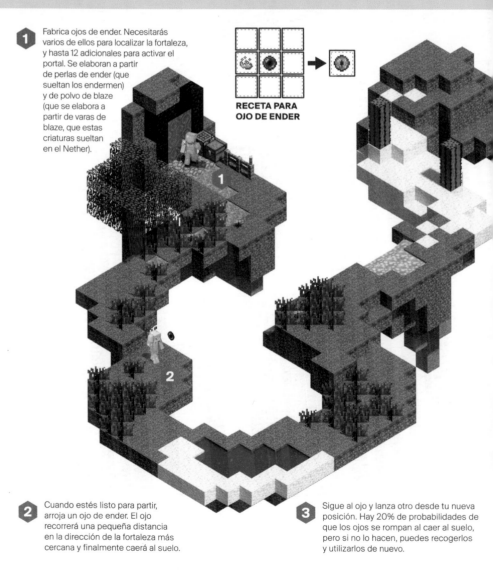

2 Cuando estés listo para partir, arroja un ojo de ender. El ojo recorrerá una pequeña distancia en la dirección de la fortaleza más cercana y finalmente caerá al suelo.

3 Sigue al ojo y lanza otro desde tu nueva posición. Hay 20% de probabilidades de que los ojos se rompan al caer al suelo, pero si no lo hacen, puedes recogerlos y utilizarlos de nuevo.

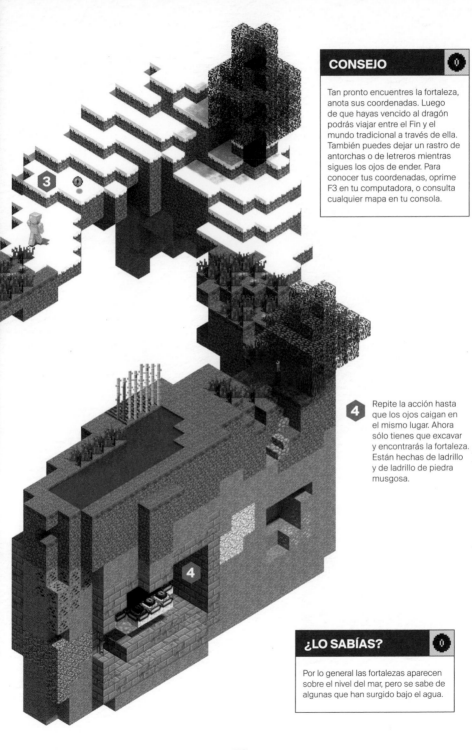

CONSEJO

Tan pronto encuentres la fortaleza, anota sus coordenadas. Luego de que hayas vencido al dragón podrás viajar entre el Fin y el mundo tradicional a través de ella. También puedes dejar un rastro de antorchas o de letreros mientras sigues los ojos de ender. Para conocer tus coordenadas, oprime F3 en tu computadora, o consulta cualquier mapa en tu consola.

Repite la acción hasta que los ojos caigan en el mismo lugar. Ahora sólo tienes que excavar y encontrarás la fortaleza. Están hechas de ladrillo y de ladrillo de piedra musgosa.

¿LO SABÍAS?

Por lo general las fortalezas aparecen sobre el nivel del mar, pero se sabe de algunas que han surgido bajo el agua.

EL INTERIOR DE LA FORTALEZA

Las fortalezas son grandes estructuras con varias habitaciones, conectadas por pasillos y escaleras. Cada una tiene un diseño propio y sus tamaños varían, pero todas tienen una sala del portal al Fin. Como su nombre indica, es una habitación con un portal que te transportará al Fin.

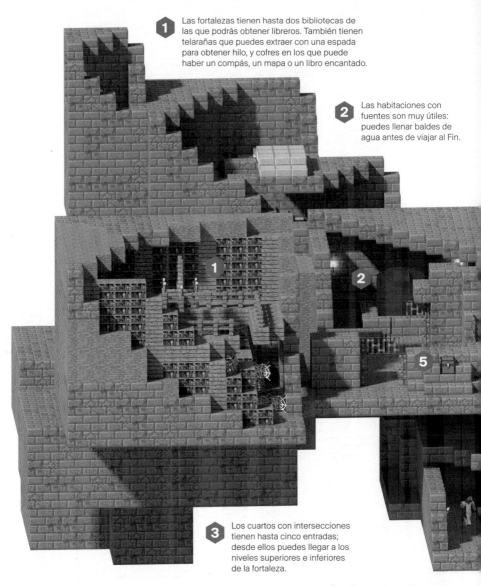

1 Las fortalezas tienen hasta dos bibliotecas de las que podrás obtener libreros. También tienen telarañas que puedes extraer con una espada para obtener hilo, y cofres en los que puede haber un compás, un mapa o un libro encantado.

2 Las habitaciones con fuentes son muy útiles: puedes llenar baldes de agua antes de viajar al Fin.

3 Los cuartos con intersecciones tienen hasta cinco entradas; desde ellos puedes llegar a los niveles superiores e inferiores de la fortaleza.

4 Hay muchas celdas vacías de las que puedes obtener barrotes de hierro y botones.

5 Algunos pasillos contienen cofres con botín. En ellos encontrarás artículos muy útiles, como perlas de ender, diamantes y armaduras para caballo.

CONSEJO

El portal te transportará a la isla principal del Fin o cerca de ella. Debes estar preparado para el combate.

6 Por lo regular, las salas del portal al Fin albergan un portal incompleto, excepto por las raras ocasiones en que los 12 marcos tienen ojos de ender. También contienen un generador de lepismas y dos estanques de lava. Para activar un portal incompleto deberás colocar ojos de ender en los marcos vacíos y saltar a través de él.

7 Existe una posibilidad real de que el enderdragón te derrote, así que debes preparar tu reaparición. Antes de entrar al Fin, coloca un cofre con suministros de reserva en la sala del portal. Así podrás volver rápidamente para el segundo *round*. Pon en el cofre una armadura completa, una calabaza, armas, pociones, comida y perlas de ender.

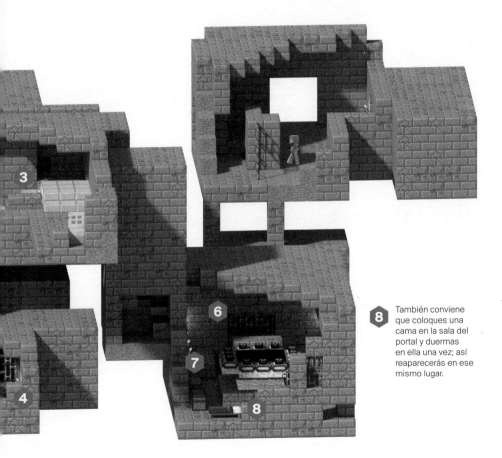

8 También conviene que coloques una cama en la sala del portal y duermas en ella una vez; así reaparecerás en ese mismo lugar.

EL ENDERDRAGÓN

El enderdragón es la más mortífera de las criaturas jefe de Minecraft. Debido a sus numerosos puntos de salud y a sus ataques devastadores, vencerlo no es tarea fácil. En esta sección conocerás a qué te estás enfrentando.

PUNTOS DE SALUD	200
FUERZA DE ATAQUE	6-15
CÓMO DERROTARLO	
RECOMPENSAS	

0-1   12 000

AGRESIVIDAD

DÓNDE APARECE

En la isla principal, cuando el jugador entra al Fin por vez primera.

¿LO SABÍAS?

Si vences al dragón puedes revivirlo colocando cuatro cristales de ender sobre el portal de salida.

EL FIN

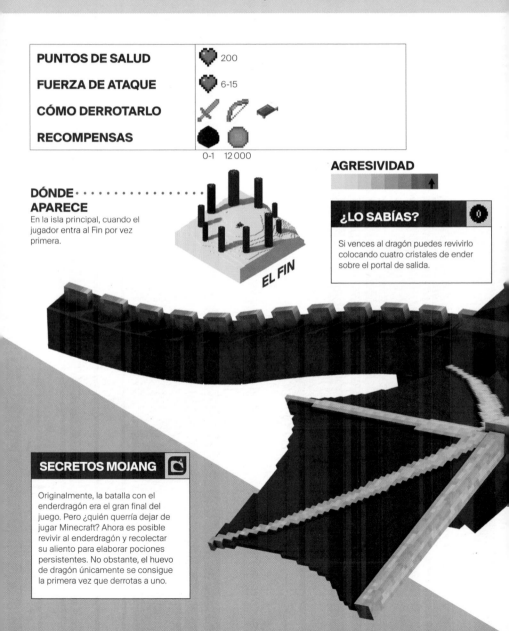

SECRETOS MOJANG

Originalmente, la batalla con el enderdragón era el gran final del juego. Pero ¿quién querría dejar de jugar Minecraft? Ahora es posible revivir al enderdragón y recolectar su aliento para elaborar pociones persistentes. No obstante, el huevo de dragón únicamente se consigue la primera vez que derrotas a uno.

COMPORTAMIENTO

El enderdragón pasa su vida volando en torno a la isla principal. Da la impresión de que protege el podio central, sobre el cual se posa cuando no está atacando al jugador.

ATRIBUTOS ESPECIALES

Además de su enorme tamaño y de sus muchos puntos de salud, el dragón puede recargar su salud tomando energía de los cristales que reposan sobre los pilares de la isla principal.

FORMA DE ATAQUE

El dragón se abalanza hacia su presa y la ataca con su aliento y con cargas de ender: bolas de fuego que despiden un humo morado y dañino al hacer impacto.

CÓMO ENFRENTAR AL DRAGÓN

Una vez que pones un pie en el Fin, no hay manera de salir más que venciendo al dragón, o muriendo en el intento. Vencer al dragón es el reto más difícil de Minecraft, por lo que debes estar preparado. Sigue estos consejos al luchar contra él y tendrás buenas posibilidades de triunfar.

¿LO SABÍAS?

A veces no aparecerás en la isla principal sino en una plataforma cercana. Deberás teletransportarte o construir un camino desde ahí.

1 Tan pronto llegues al Fin, bebe una poción de regeneración. Trata de localizar al dragón pero no subestimes a los endermen; ellos también son capaces de arruinarte el día. Considera la posibilidad de usar una calabaza en lugar de casco para que no se vuelvan hostiles en caso de que los mires.

2 El dragón obtiene energía de los cristales que están sobre los pilares de obsidiana, así que debes destruirlos antes de que intentes matar al dragón. Empieza por los que no están protegidos por barrotes; puedes dispararles flechas desde el suelo.

SECRETOS MOJA G

La lucha contra el dragón apareció en la versión 1.0 para PC y luego se modificó en la versión para consolas. A los desarrolladores les gustaron estos cambios y los adoptaron para la PC; también pusieron jaulas a los cristales de ender, le agregaron etapas a la batalla y la hicieron más difícil. Tan difícil que varios de ellos no lograron superarla, ¡y tuvieron que reducir la dificultad otra vez!

3 Para destruir los cristales protegidos por barrotes deberás trepar a los pilares de obsidiana. Usa bloques de tierra para alcanzar la cima, o perlas de ender para teletransportarte; luego, coloca rápidamente bloques bajo tus pies. Rompe los barrotes con un pico y destruye el cristal con tu espada de diamante encantada.

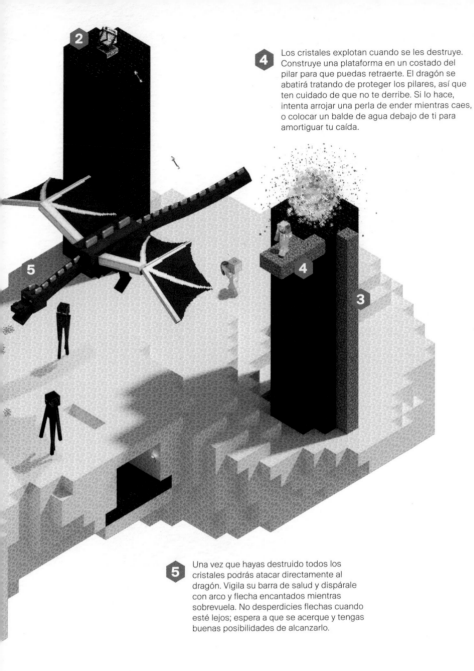

Los cristales explotan cuando se les destruye. Construye una plataforma en un costado del pilar para que puedas retraerte. El dragón se abatirá tratando de proteger los pilares, así que ten cuidado de que no te derribe. Si lo hace, intenta arrojar una perla de ender mientras caes, o colocar un balde de agua debajo de ti para amortiguar tu caída.

Una vez que hayas destruido todos los cristales podrás atacar directamente al dragón. Vigila su barra de salud y dispárale con arco y flecha encantados mientras sobrevuela. No desperdicies flechas cuando esté lejos; espera a que se acerque y tengas buenas posibilidades de alcanzarlo.

De cuando en cuando, el dragón volará en picada para posarse en el podio. Mientras esté ahí será inmune a las flechas pero puedes golpearlo en la cabeza con tu espada, o lanzarle una poción arrojadiza de daño.

Para liquidar al dragón, coloca una cama frente a ti. Cuando el dragón se acerque, intenta dormir en ella. Pon un bloque de obsidiana entre la cama y tú para protegerte de la explosión. Tendrás que hacer esto varias veces para vencer al dragón.

VICTORIA

¡Qué dulce es la victoria! Cuando la barra de salud del dragón llegue a cero, explotará y soltará nada menos que 12 000 puntos de experiencia. También obtendrás el codiciado huevo de dragón, que aparecerá sobre el portal de salida que se materializará mágicamente en el centro de la isla.

RECOLECCIÓN DEL HUEVO

Hay un pequeño inconveniente: si intentas extraerlo, se teletransportará.

Rodea el pedestal con bloques para que el huevo no caiga por el portal.

Separa el huevo de su pedestal utilizando un pistón conectado a una fuente de energía.

Al caer, el huevo será un objeto que podrás recoger y llevar al mundo tradicional para exhibirlo en tu casa.

PARA REVIVIR AL DRAGÓN

¿Ansioso por recolectar más aliento de dragón para pociones? Entonces tendrás que revivirlo.

Coloca 4 cristales del fin en torno al portal de salida, uno de cada lado. El cristal del fin se crea a partir de un ojo de ender, una lágrima de ghast y 7 bloques de cristal.

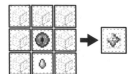

RECETA PARA CRISTAL DE FIN

Cuando coloques el último cristal se regenerarán los cristales de los pilares y aparecerá el dragón. Pero recuerda: no podrás salir del Fin hasta que lo hayas vencido de nuevo.

Y AHORA, ¿A DÓNDE?

Cuando derrotas al dragón aparecen dos portales: el de salida, ubicado en el centro de la isla y que lleva al mundo tradicional, y un portal pasarela, localizado en la orilla de la isla y que conduce a otro portal pasarela en las islas periféricas. Si decides usar el portal de salida verás el Poema del Fin, un texto enigmático que vale la pena leer con atención.

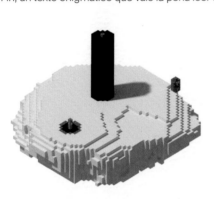 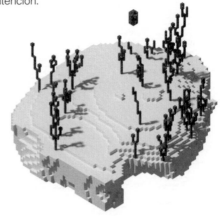

LAS ISLAS PERIFÉRICAS

Se encuentran aproximadamente a 1000 bloques de distancia de la isla principal. Notarás que el portal pasarela que conduce a ellas mide solamente un bloque. Para llegar al otro lado debes lanzarle una perla de ender y teletransportarte. El portal te llevará a una de las islas periféricas más cercanas; desde ahí podrás explorar las demás.

Encontrarás muchos materiales valiosos pero también endermen y shulkers. Además, es fácil perderse debido a que todo tiene un aspecto similar.

Deberás buscar la manera de pasar de una isla a otra sin caer al Vacío. Si tienes reservas suficientes de roca puedes construir puentes para pasar de una a otra sin riesgo de caer.

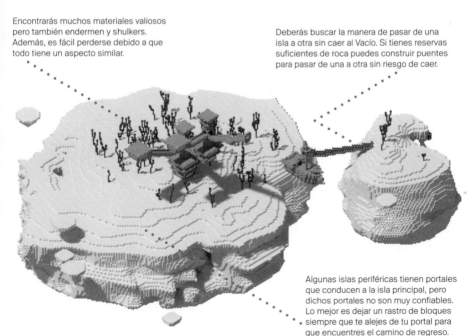

Algunas islas periféricas tienen portales que conducen a la isla principal, pero dichos portales no son muy confiables. Lo mejor es dejar un rastro de bloques siempre que te alejes de tu portal para que encuentres el camino de regreso.

CIUDADES DEL FIN

Las ciudades del Fin son unas estructuras misteriosas que se generan de manera natural en las islas periféricas. No son muy abundantes, por lo que puede que tardes en encontrarlas. Veamos cómo están conformadas.

ESTRUCTURAS

1 Suelen tener varias torres hechas de ladrillo de piedra del fin y de bloques de púrpur. Por lo general, las torres están interconectadas mediante pasillos.

2 Algunas habitaciones contienen cofres que guardan desde semillas de betabel hasta instrumentos encantados de diamante. Otras contienen también un cofre de ender.

3 La planta coral es muy abundante en las islas periféricas. Puedes romperla con cualquier herramienta para que suelte 0-1 fruta coral. Busca más información en la página 67.

4 Algunas torres y habitaciones muestran estandartes decorativos.

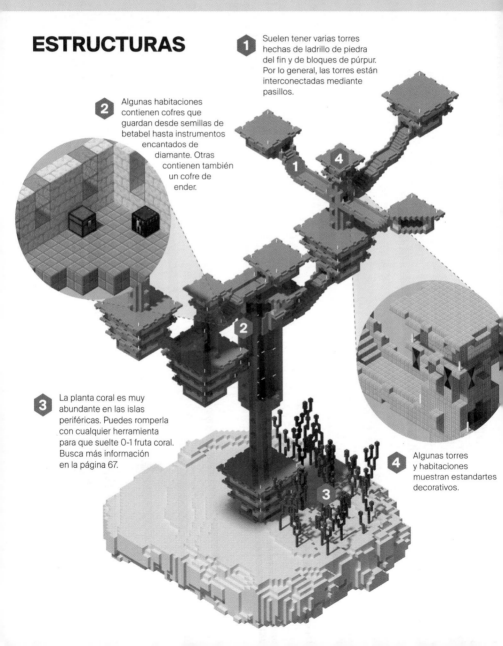

CONSEJO

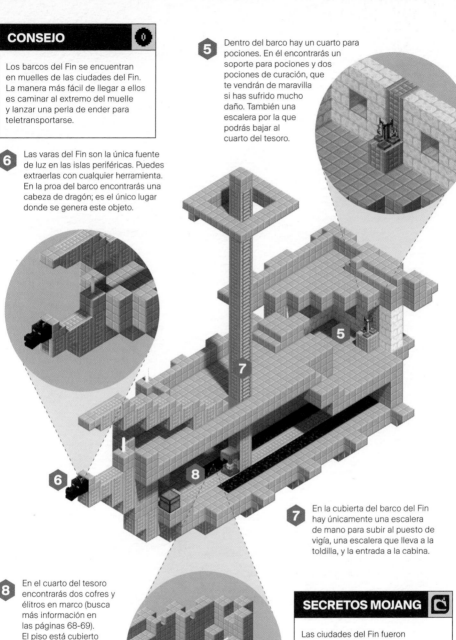

Los barcos del Fin se encuentran en muelles de las ciudades del Fin. La manera más fácil de llegar a ellos es caminar al extremo del muelle y lanzar una perla de ender para teletransportarse.

6 Las varas del Fin son la única fuente de luz en las islas periféricas. Puedes extraerlas con cualquier herramienta. En la proa del barco encontrarás una cabeza de dragón; es el único lugar donde se genera este objeto.

5 Dentro del barco hay un cuarto para pociones. En él encontrarás un soporte para pociones y dos pociones de curación, que te vendrán de maravilla si has sufrido mucho daño. También una escalera por la que podrás bajar al cuarto del tesoro.

7 En la cubierta del barco del Fin hay únicamente una escalera de mano para subir al puesto de vigía, una escalera que lleva a la toldilla, y la entrada a la cabina.

8 En el cuarto del tesoro encontrarás dos cofres y élitros en marco (busca más información en las páginas 68-69). El piso está cubierto de obsidiana. Por desgracia, todo esto está protegido por un shulker (consulta las páginas 64-65 para saber cómo enfrentarlo).

SECRETOS MOJANG

Las ciudades del Fin fueron de los primeros elementos arquitectónicos elaborados con bloques estructurales. Éstos eran originalmente para uso exclusivo de los desarrolladores, pero como eran tan eficientes se decidió ponerlos a disposición de la comunidad.

SHULKER

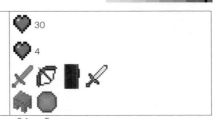

AGRESIVIDAD

PUNTOS DE SALUD	30
FUERZA DE ATAQUE	4
CÓMO DERROTARLO	
RECOMPENSAS	0-1 5

NIVEL DE LUZ PARA BROTE

15

0

SECRETOS MOJANG

La idea original fue crear una criatura parecida al golem, pero los diseños de prueba no resultaron satisfactorios ni divertidos. Luego, a Jens se le prendió el foco e ideó una criatura que vivía ¡dentro de los bloques!

DÓNDE APARECE

En las ciudades del Fin, dentro de bloques sólidos, comúnmente en las paredes.

CIUDAD DEL FIN

COMPORTAMIENTO

Los shulkers están unidos a bloques sólidos. Usualmente están inactivos y mantienen su caparazón cerrado, por lo que se confunden entre los bloques de púrpur. De vez en cuando abren el caparazón en busca de algún blanco; es entonces cuando puede verse en el interior una criatura vulnerable y regordeta.

FORMA DE ATAQUE

Cuando detecta algún blanco en un radio de 16 bloques, abre su caparazón y le dispara un proyectil que lo sigue y le inflige al contacto 4 puntos de salud de daño. También ocasiona el efecto de levitación, que dura 10 segundos. Cuando el efecto se agota, el blanco cae al suelo y sufre daño.

ATRIBUTOS ESPECIALES

Se camuflan entre los bloques de púrpur. Son inmunes a la lava y al fuego, y cuando tienen el caparazón cerrado, son inmunes a las flechas. Cuando un shulker sufre un ataque, todos los que están en el área atacarán en represalia. Si su salud baja a menos de medio corazón, se teletransportan para protegerse.

RECETA PARA CAJA DE SHULKER

CÓMO DERROTARLO

Espera a que el shulker abra su caparazón y golpea a la criatura que está dentro con tu espada de diamante encantada. Puedes desviar los proyectiles del shulker con espada, con arco y flecha o con tus manos, o protegerte de ellos con tu escudo.

RECOMPENSAS VALIOSAS

Es posible que suelten su caparazón, el cual puedes utilizar en combinación con un cofre para elaborar una caja de shulker. Estos útiles bloques tienen 27 espacios de almacenaje y pueden guardar y transportar artículos, que conservan incluso si se los rompe con un pico.

BLOQUES Y ARTÍCULOS DEL FIN

Cuando te hayas ocupado de los endermen y de los shulkers podrás echar mano de los peculiares bloques y artículos de la ciudad del Fin. Esto es lo que podrás hacer con estos materiales cuando regreses al mundo tradicional.

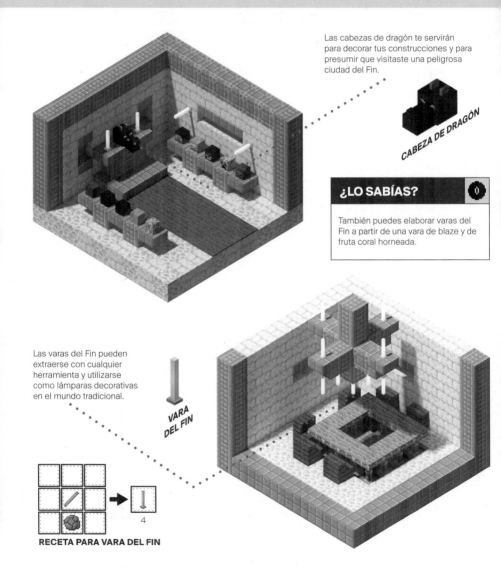

Las cabezas de dragón te servirán para decorar tus construcciones y para presumir que visitaste una peligrosa ciudad del Fin.

CABEZA DE DRAGÓN

¿LO SABÍAS?

También puedes elaborar varas del Fin a partir de una vara de blaze y de fruta coral horneada.

Las varas del Fin pueden extraerse con cualquier herramienta y utilizarse como lámparas decorativas en el mundo tradicional.

VARA DEL FIN

4

RECETA PARA VARA DEL FIN

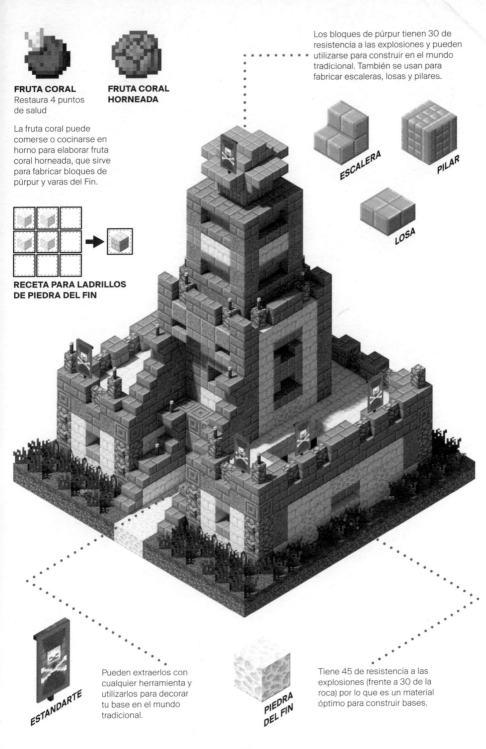

FRUTA CORAL
Restaura 4 puntos
de salud

FRUTA CORAL HORNEADA

La fruta coral puede comerse o cocinarse en horno para elaborar fruta coral horneada, que sirve para fabricar bloques de púrpur y varas del Fin.

RECETA PARA LADRILLOS DE PIEDRA DEL FIN

Los bloques de púrpur tienen 30 de resistencia a las explosiones y pueden utilizarse para construir en el mundo tradicional. También se usan para fabricar escaleras, losas y pilares.

ESCALERA

PILAR

LOSA

ESTANDARTE

Pueden extraerlos con cualquier herramienta y utilizarlos para decorar tu base en el mundo tradicional.

PIEDRA DEL FIN

Tiene 45 de resistencia a las explosiones (frente a 30 de la roca) por lo que es un material óptimo para construir bases.

67

ÉLITROS

Los élitros son alas desmontables que te permiten deslizarte por los aires. Son de color gris pero si llevas una capa asumirán el diseño de ésta. En el modo supervivencia, planear con ellos es lo más cercano a la experiencia de volar, así que no dejes de tomar unos élitros en tu ciudad del Fin.

CÓMO SE USAN

Colócalos en el compartimiento del peto. Salta desde un lugar elevado (edificio, acantilado) y salta de nuevo para activarlos. Ya que estés planeando, mira hacia la derecha o a la izquierda para cambiar de dirección. Mira hacia arriba o hacia abajo para modificar tu velocidad de avance y de descenso.

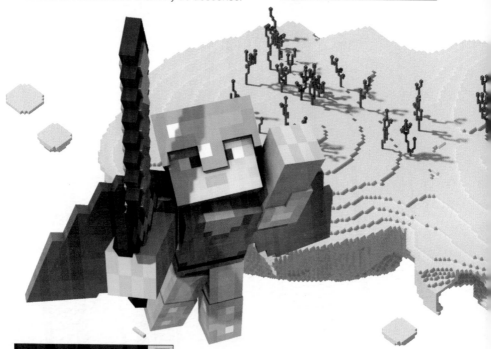

SECRETOS MOJANG

Antes no era necesario activar los élitros después de saltar o de caer; podías ponérselos a las criaturas y ver cómo salían volando en todas direcciones. Cuando la activación se hizo obligatoria, las criaturas simplemente caían como piedras. En atención a la demanda popular, ahora los élitros se activan automáticamente al ponérselos a alguna criatura.

DURABILIDAD

Los élitros tienen 431 de durabilidad, la cual disminuye un punto por cada segundo de uso. Es decir, un par de élitros te permitirán planear durante 7 minutos y 11 segundos. Cuando su durabilidad llega a 1, dejan de funcionar.

REPARACIÓN

Por fortuna, es posible repararlos: utiliza un yunque para combinar dos élitros dañados, o bien un élitro con cuero. Cada cuero repara 108 puntos de durabilidad, así que con 4 de ellos la restaurarás por completo.

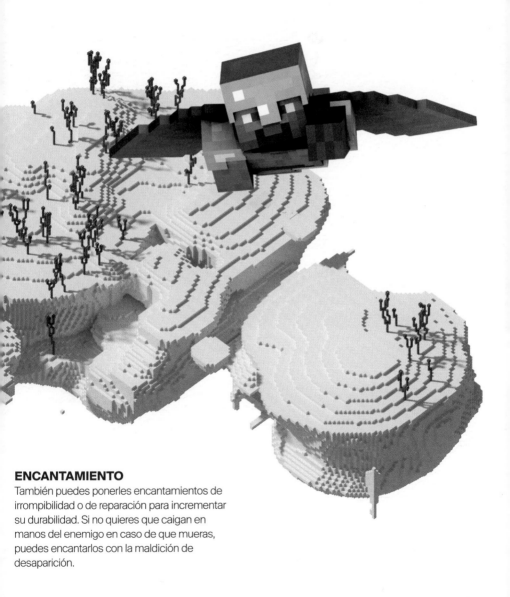

ENCANTAMIENTO

También puedes ponerles encantamientos de irrompibilidad o de reparación para incrementar su durabilidad. Si no quieres que caigan en manos del enemigo en caso de que mueras, puedes encantarlos con la maldición de desaparición.

INSTALARSE EN EL FIN

Si ya conquistaste el Fin, puedes convertirlo en tu base permanente de operaciones. Gracias a los portales de regreso (que se ubican en las ciudades del Fin y te trasladan a la isla principal), podrás viajar de una isla a otra, y tu fortaleza te permitirá ir al mundo tradicional para importar suministros.

ISLA PRINCIPAL

Veamos cómo puedes convertir la isla principal en una sede permanente.

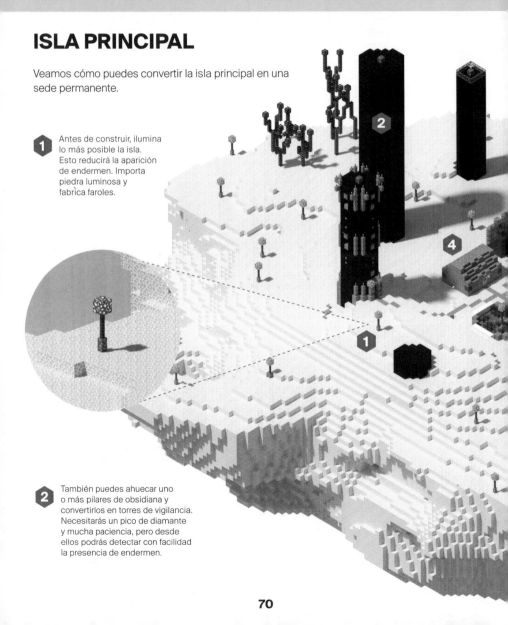

1 Antes de construir, ilumina lo más posible la isla. Esto reducirá la aparición de endermen. Importa piedra luminosa y fabrica faroles.

2 También puedes ahuecar uno o más pilares de obsidiana y convertirlos en torres de vigilancia. Necesitarás un pico de diamante y mucha paciencia, pero desde ellos podrás detectar con facilidad la presencia de endermen.

3 Construye una estructura en torno al portal del Fin para que no caigas accidentalmente en él. Si bien una cabaña cumplirá esa función, conviene hacer algo más grande, con áreas para fabricar, para elaborar pociones y para hacer encantamientos. Los muchos puntos de experiencia que has ganado te servirán para realizar nuevos encantamientos.

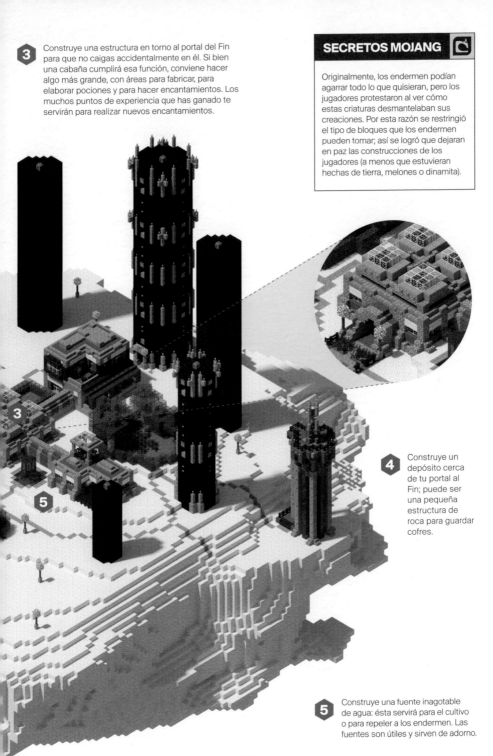

4 Construye un depósito cerca de tu portal al Fin; puede ser una pequeña estructura de roca para guardar cofres.

5 Construye una fuente inagotable de agua: ésta servirá para el cultivo o para repeler a los endermen. Las fuentes son útiles y sirven de adorno.

71

ISLAS PERIFÉRICAS

Una manera de aprovechar las estructuras existentes en el Fin es expandir alguna de las ciudades localizadas en las islas periféricas. En torno a las ciudades del Fin hay mucho espacio libre y plano, además de roca del Fin que puedes utilizar en la construcción.

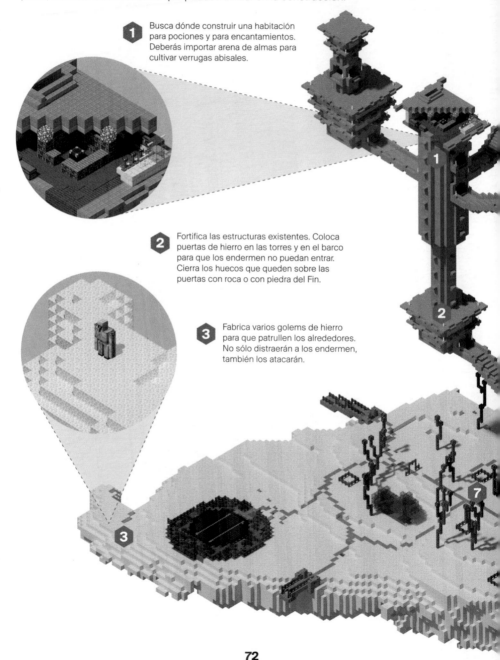

1 Busca dónde construir una habitación para pociones y para encantamientos. Deberás importar arena de almas para cultivar verrugas abisales.

2 Fortifica las estructuras existentes. Coloca puertas de hierro en las torres y en el barco para que los endermen no puedan entrar. Cierra los huecos que queden sobre las puertas con roca o con piedra del Fin.

3 Fabrica varios golems de hierro para que patrullen los alrededores. No sólo distraerán a los endermen, también los atacarán.

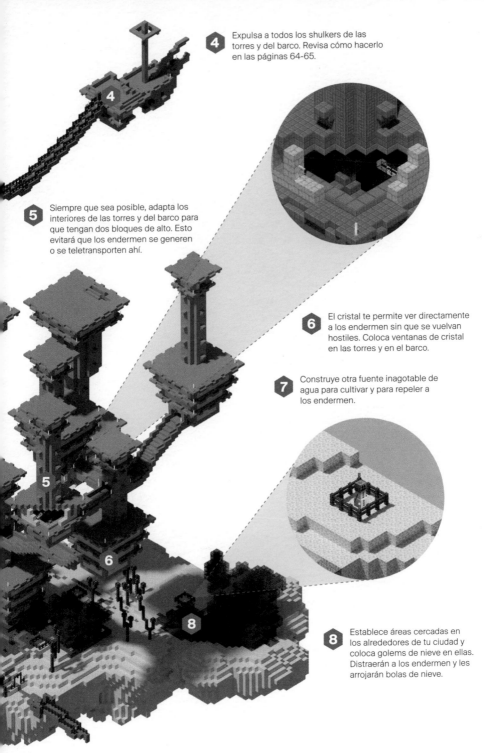

4 Expulsa a todos los shulkers de las torres y del barco. Revisa cómo hacerlo en las páginas 64-65.

5 Siempre que sea posible, adapta los interiores de las torres y del barco para que tengan dos bloques de alto. Esto evitará que los endermen se generen o se teletransporten ahí.

6 El cristal te permite ver directamente a los endermen sin que se vuelvan hostiles. Coloca ventanas de cristal en las torres y en el barco.

7 Construye otra fuente inagotable de agua para cultivar y para repeler a los endermen.

8 Establece áreas cercadas en los alrededores de tu ciudad y coloca golems de nieve en ellas. Distraerán a los endermen y les arrojarán bolas de nieve.

ISLAS PERIFÉRICAS

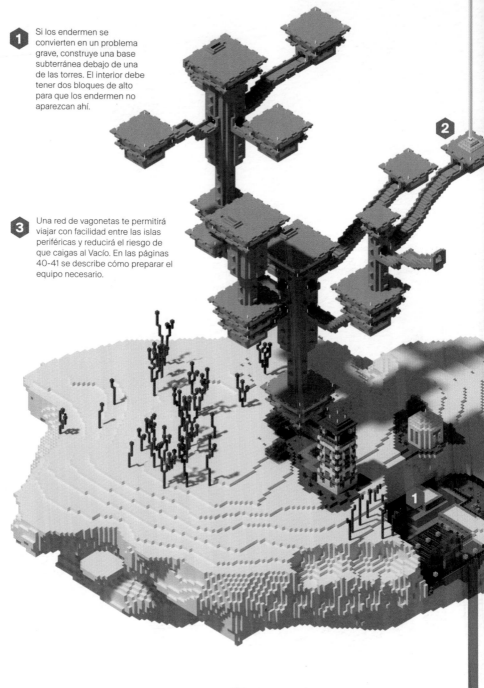

1 Si los endermen se convierten en un problema grave, construye una base subterránea debajo de una de las torres. El interior debe tener dos bloques de alto para que los endermen no aparezcan ahí.

3 Una red de vagonetas te permitirá viajar con facilidad entre las islas periféricas y reducirá el riesgo de que caigas al Vacío. En las páginas 40-41 se describe cómo preparar el equipo necesario.

2 Si cuentas con los recursos necesarios podrás construir cerca de la ciudad una pirámide de energía con faro. La pirámide debe estar hecha de bloques sólidos de diamante, esmeralda, oro o hierro. La estructura te transmitirá efectos de estado (poderes), siempre que estés en su zona de alcance. El faro debe quedar en la cima de la pirámide y no debe haber obstáculos que se interpongan entre él y el cielo.

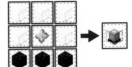

RECETA PARA FARO

3 x 3

7 x 7

5 x 5

9 x 9

¿LO SABÍAS? ⓞ

Hay cuatro niveles de pirámides: la de nivel uno es de 3 x 3 bloques. Para construir una de nivel dos se agrega una base de 5 x 5. La de nivel 3 requiere una base adicional de 7 x 7, y la de nivel cuatro, una base adicional de 9 x 9.

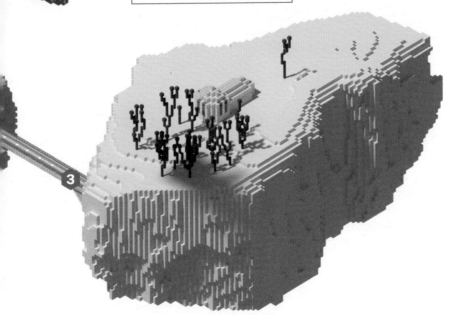

75

SUMINISTROS

Si planeas pasar mucho tiempo en el Fin necesitarás una fuente de suministros tales como alimentos, madera y roca. En este lugar se puede cultivar y criar pollos; además, a diferencia de lo que ocurre en el Nether, en el Fin sí es posible colocar agua. Veamos qué suministros puedes producir.

TRIGO, BETABEL, ZANAHORIAS Y PAPAS

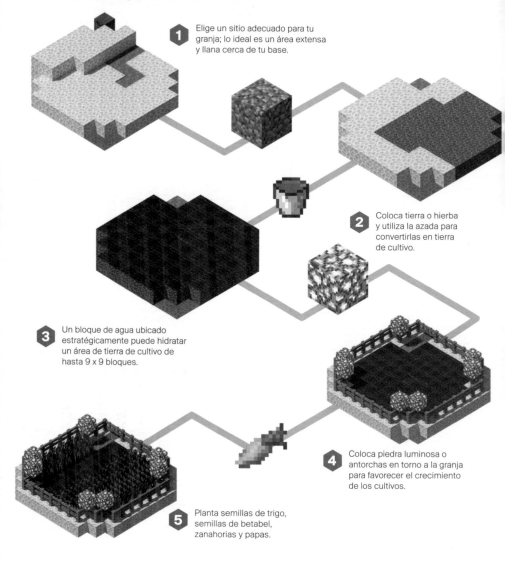

1 Elige un sitio adecuado para tu granja; lo ideal es un área extensa y llana cerca de tu base.

2 Coloca tierra o hierba y utiliza la azada para convertirlas en tierra de cultivo.

3 Un bloque de agua ubicado estratégicamente puede hidratar un área de tierra de cultivo de hasta 9 x 9 bloques.

4 Coloca piedra luminosa o antorchas en torno a la granja para favorecer el crecimiento de los cultivos.

5 Planta semillas de trigo, semillas de betabel, zanahorias y papas.

CAÑA DE AZÚCAR
Crecen en hierba, tierra o arena, siempre que haya una fuente contigua de agua.

MELÓN Y CALABAZA
Sólo necesitan tierra de cultivo, luz y un bloque adyacente donde crecer.

GRANJA DE ÁRBOLES
Prepara un área extensa con bloques de tierra y planta brotes dejando 2 bloques de separación. Necesitan un nivel de luz de 8 o superior, así que rodéalos con antorchas o piedra luminosa. Los robles producen manzanas si destruyes sus hojas, y si plantas árboles de la jungla podrás cultivar cacao en sus troncos.

CONSEJO

Llevar vacas y cerdos al Fin a través del portal no es tarea sencilla. Es mejor colocar un cofre de ender en el mundo tradicional y otro en la ciudad del Fin; de este modo podrás colocar carne y otras recompensas de origen animal en el cofre del mundo tradicional y llegar a ellos en el cofre del Fin.

GENERADOR DE ROCA
La roca no se genera de manera natural en el Fin pero se produce cuando una corriente de lava entra en contacto con agua. Si quieres crear un generador de roca, cava una zanja de diez bloques de largo; luego, coloca un bloque manantial de agua en un extremo y un bloque manantial de lava en el otro.

FLORES
El Fin es un lugar inhóspito y árido, así que todo lo que hagas para embellecerlo contribuirá a que te sientas más cómodo en él. Importa flores de diversos colores del mundo tradicional y plántalas en la ciudad.

PALABRAS FINALES

Felicidades, jugador de Minecraft. La información contenida en este libro te permitirá enfrentar con aplomo los horrores del Nether y del Fin. Sin embargo, no olvides que estos lugares están entre los más peligrosos de Minecraft: incluso los guerreros más hábiles y fuertes pueden tener un desliz y caer a un estanque de roca fundida. Por otra parte, ahora cuentas con la mejor preparación posible para vencer tales peligros, reclamar las enormes riquezas de esas tierras exóticas y seguir explorando en busca de más aventuras. ¿Lograste prevalecer en el Fin? Bien, pero hay mucho más que ver y hacer. ¿A dónde irás a continuación? ¿Qué estructuras levantarás? Estamos impacientes por verlo.

MARSH DAVIES
EQUIPO MOJANG